U0915390

澄衷蒙學堂字課圖說

肆

去 **富**

否去聲。豐於財曰富。　富貴。　豪富。

方副切。富備也厚也故厚於貨賄者謂之富引申之凡充裕皆曰富如年富學富之類是

平 **貧**

音頻。困於財曰貧。　貧民。

皮巾切。从貝从分會意言財以分而少也

上 **賈**

音古。居貨以待售者曰賈。　商賈。　賈害。

公戶切。市也行貨曰商居貨曰賈假借為賈禍之賈賈買也

去 **販**

音畈。小本經營曰販。　負販。　販賣。

方願切。販夫販婦朝資夕賣謂貧民無資營運隨買隨賣以博微利也

上 **買**

音蕒。以財易物曰買。　買辦。　收買。

莫蟹切。

去 **賣**

音邁。以物易財曰賣。　買賣。　賣主。

莫懈切。篆文作賣从出从買會意言出其貨以待人買之也引申之凡欺人以便己者皆曰賣如賣國賣友之類是

去 **貿**

音茂。以物相易曰貿。　貿易。

莫候切。互易也以物互易有紛亂之意故假為貿亂之貿

去 **購**

音構。指物而買之曰購。　購求。　添購。

古候切。有所求也買購皆以財易物惟買則買常有之物購則買難得之物也

上 **沽** 平

音古。賣物買物皆曰沽。　大沽口。　音孤。水名。

公五切。　攻乎切。

入 **鬻**

音育。賣物曰鬻。　鬻賣。

余六切。

去 **售**

音授。賣物曰售。　出售。

承臭切。賣物使去也引申之凡用術而獲效者皆曰售

去 **兌**

隤去聲。物相易謂之兌。　兌換。　發兌。

徒外切。馳易也又卦名☱兌悅也古通說

押 入

音壓。以物暫售於人曰押。押當。花押。

烏甲切。檢束也。拘禁以檢束人者。如管押之押是。署名以檢束事者。如畫押之押是。今俗稱以物質錢曰押。言與之錢而檢束其物以待取。所以別於買也。

賒 平

音奢。貰物曰賒。賒欠。賒帳。

詩車切。貰買也。貰物而緩其償謂之賒。物被賒則得財之期尚遠。故又訓為遠。

借 去

嗟去聲。假人之物曰借。以物假人亦曰借。抵借。借用。

子夜切。本非己有而暫有之曰借。獎借之借。謂本無可獎之實而姑獎之也。借曰未知之借。謂本已知之而姑託於不知也。皆與假字通用。

貸 去 入

音態。以物假人曰貸。出貸。音慝。假人之物曰貸。告貸。

他代切。施者以物予人。貸則暫予之而仍當歸我者也。惕得切。乞者求人之物以為我有。貸則暫有之而必仍歸諸人者也。

償 平

音常。還所值曰償。賠償。償還。

辰羊切。取物而還其所值也。引申之。凡如所願皆曰償。

糴 入

音狄。買穀曰糴。糴米。

亭歷切。

糶 去

音眺。賣穀曰糶。平糶。

他弔切。

扣 去

音寇。阻留曰扣。扣留。折扣。

苦候切。通作叩。牽馬也。古有叩馬而諫者。謂留止之使不得遽行也。故引申為扣留之扣。俗稱價值不足數為折扣。亦本留難之義。

批 平

音仳。標判曰批。殊批。批發。

匹迷切。手擊也。引申之。凡書狀之言有不當。而判其後以排擊之者。亦謂之批。批者標舉以示人者也。俗稱開示物價者曰批。亦本此義。

賽 去

塞去聲。物相較謂之賽。賽會。報賽。

先代切。互相誇勝曰賽。引申之。凡物之勝於他物者亦謂之賽。今俗稱賽過。言可比賽而過之也。報賽之賽。通作塞。言報神功以祭。可以塞其所求也。

招 平

音昭。以手召人曰招。招牌。招商局。

之遙切。手呼也。凡召人者以口曰召。以手曰招。

博 入

邦入聲。廣厚衆多之稱。廣博。博學。

補各切。大通也。从十从尃會意。尃布也。假借為博弈之博。亦作簙。又為博取之博。博取謂取諸人以為我有也。

換 去

完去聲。相易曰換。兌換。掉換。

胡玩切。交相易也。義與貿同。貿為文言。而換為俗語。

值 入

音直。物價曰值。價值。音治。偶遇曰值。不值。

除力切。又直吏切。皆通作直。

價 去

音駕。物值曰價。洋價。價目。

居訝切

利 去

音詈。順也。利市。利刃。

力至切。銛也。以刀刈禾。無不如志。故引申為便利之利。事之便利者。人皆好之。故又申為利祿之利。

款 上

音窾。標識之條目曰款。款項。該款。

苦緩切。識記也。凡銘器之文。在內曰識。在外曰款。引申之。條列諸事。取便記識者。亦曰款。今俗謂財物之一宗曰一款。泛稱之則曰款項。義本於此。又和婉之詞。如款款、款曲等是。

債 去

齋去聲。負財曰債。所負之財即曰債。放債。債戶。

側賣切。責也。通作責。責。誅求也。言負人之財。為人所誅求也。

贏 平

音盈。餘利曰贏。輸贏。贏餘。

怡成切。以物易財。而財溢於物值。謂之贏。引申之。凡攻戰博弈勝曰贏。負曰輸。

貫 去

音灌。穿物而過之曰貫。貫串。萬貫。

古玩切。古文作毌。毌象兩貝相並。一穿橫貫之也。縱書之為串。橫書之為毌。今毌作貫。貫錢必通其中而過。故引申為貫通之貫。貫錢以千錢為一緡。故千錢曰一貫。又世系曰貫。謂相承不絕。如貫物然。今所謂籍貫是也。

券 去

音勸。要約之書曰券。禮券。券書。

去願切。古者要約之書。以木為牘。契其旁而剖分之。長曰劑。短曰質。所謂契券也。

票 去

音驃。信券曰票。票簽。鈔票。

頻妙切。火飛也。同熛。今稱要約之約曰票。

摺 入

音讋。折物而重疊之曰摺。手摺。摺扇。

之涉切。

據 去

音鋸。把持曰據。據守。憑據。

居御切。杖持也。謂人持杖有所依據也。引申為佔據之據。俗稱要約之書曰據。謂人所持以為信也。

技 上

奇上聲。手工曰技。 技藝。 絕技。 技。

巨綺切。

藝 去

音埶。才能曰藝。 六藝。 藝事。

倪祭切。藝猶才也。古者以禮樂射御書數為六藝。後世以時文為制藝。而藝之實亡矣。西人重藝。國家既設勸工場。復下專利之教以鼓舞之。故藝學之精。為前古所莫及。　又與埶通。種也。如樹藝是。

術 入

音秫。所以馭人者曰術。 心術。 巧術。

食律切。術。邑中道也。道為人所共由。故引申之。謂學所由者為學術。心所由者為心術。技所由者為技術。

弋 入

音翊。以繩繫矢而射之曰弋。 弋人。

逸職切。說文。弋。橜也。象折木衺銳之形。丿象物挂之也。假借為矰弋之弋。弋本緆字。緆。繳也。矢短於常矢。以繩繫而射之。故緆从糸从羽。今承用弋字。弋者所以取鳥。故引申為弋取之弋。

射 去 入

蛇去聲。弓矢斯張曰射。 善射。 射者。 音實。發矢曰射。 射鳥。

神夜切。古者禮射有四。大射賓射燕射鄉射是也。　國朝以騎射得天下。故滿員有十五善射。武場取士。亦以射為重。　食亦切。泛而言射則去聲。以射其物而言則入聲。引申之。凡默揣以取中者皆曰射。如射策射覆是。

御 去

音禦。使馬曰御。 御車。 侍御。

魚據切。御所以制馬。故引申為御宇御冬之御。又轉為進御之御。蔡邕獨斷曰。天子所進曰御。凡衣服加於身。飲食入於口。妃妾接於寢。皆曰御。御是也。

弈 入

音亦。圍碁曰弈。 博弈。 弈棋。

夷益切。堯造圍碁。以教丹朱。謂之弈者。取下子落弈之義也。一說其子曰碁。其局曰弈。

畫 去 入

橫入聲。界分曰畫。 畫界。 畫一。 音話。繪物之形曰畫。 畫工。

胡麥切。界也。从田。冂象田四界。聿所以畫之也。會意兼指事字。引申為經畫指畫之畫。 胡卦切。貌其形以繪之也。俗亦稱畫成之圖為畫。

疇 平

音酬。耕治之田曰疇。 田疇。 疇曩。

𠃬 徐留切。从田从𠃬會意。古文作𠃬。象田溝詰屈之形也。假借以為疇昔疇類之疇。今通稱習算術者為疇人。

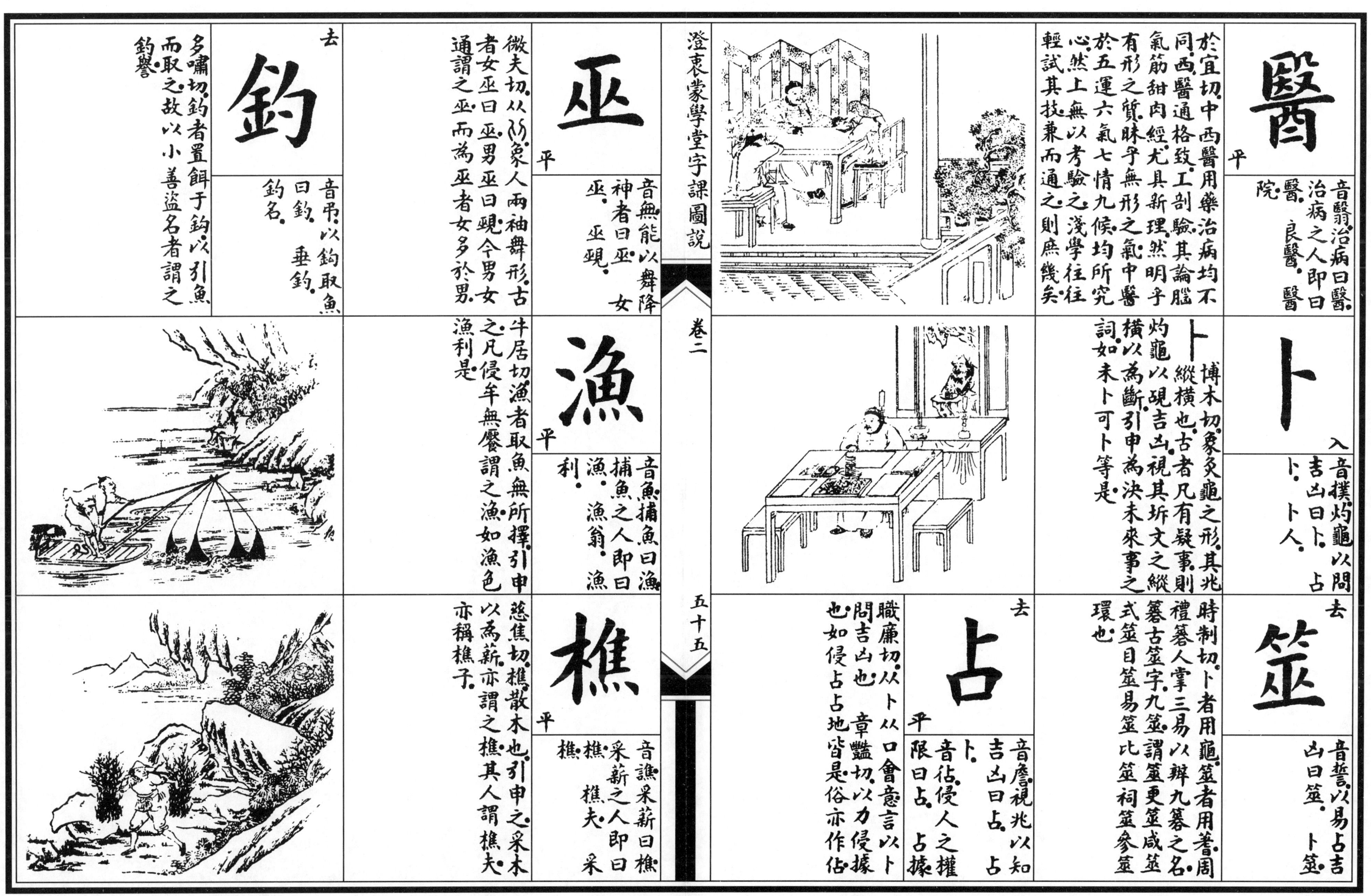

醫

平

音翳。治病曰醫。治病之人即曰醫。良醫。醫院。

於宜切。中西醫用藥治病均不同。西醫通格致工剖驗，其論臟氣筋甜肉經，尤具新理。然明乎有形之質，昧乎無形之氣。中醫於五運六氣七情九候均所究心，然上無以考驗之，淺學往往輕試其技。兼而通之，則庶幾矣。

卜

入

音撲。灼龜以問吉凶曰卜。占卜。卜人。

博木切。象灸龜之形，其兆卜縱橫也。古者凡有疑事，則灼龜以覘吉凶，視其坼文之縱橫以為斷。引申為決未來事之詞，如未卜、可卜等是。

筮

去

音誓。以易占吉凶曰筮。卜筮。

時制切。卜者用龜，筮者用蓍。周禮簭人掌三易以辨九簭之名。簭，古筮字。九筮謂筮更、筮咸、筮式、筮目、筮易、筮比、筮祠、筮參、筮環也。

占

平

音詹。視兆以知吉凶曰占。占卜。

去

音佔。侵人之權限曰占。占據。

職廉切。从卜从口，會意，言以卜問吉凶也。章豔切，以力侵據也。如侵占、占地，皆是。俗亦作佔。

巫

平

音無。能以舞降神者曰巫。女巫。巫覡。

微夫切。从[illegible]，象人兩袖舞形。古者女巫曰巫，男巫曰覡。今男女通謂之巫，而為巫者女多於男。

漁

平

音魚。捕魚曰漁。捕魚之人即曰漁。漁翁。漁利。

牛居切。漁者取魚無所擇。引申之，凡侵牟無饜謂之漁，如漁色、漁利是。

樵

平

音譙。采薪曰樵。采薪之人即曰樵。樵夫。采樵。

慈焦切。樵，散木也。引申之，采木以為薪亦謂之樵。其人謂樵夫，亦稱樵子。

釣

去

音弔。以鉤取魚曰釣。垂釣。釣名。

多嘯切。釣者置餌于鉤以引魚而取之，故以小善盜名者謂之釣譽。

牧

入

音目。畜養六畜曰牧。牧童。民牧。

莫六切。畜養曰牧。司畜養之人即曰牧。引申為牧民。牧令之牧。言主畜養其民也。今長城以外之民。皆以游牧為業。屬於官者曰牧廠。其地即古游牧之國也。

屠

平

音徒。殺而剝裂之曰屠。屠城。屠夫。

同都切。刳也。引申之。凡宰殺六畜者。即謂之屠。

匠

去

牆去聲。木工曰匠。木匠。匠人。

疾亮切。从匸从斤。會意。匸。榘也。斤。所以治木器者也。引申之。凡能專治一事者。皆謂之匠。

戲

去

希去聲。玩弄曰戲。玩弄之事即曰戲。戲劇。把戲。

許義切。戲者。優伶演故事。以娛人耳目者也。亦有調猴犬以為之者。西國又有馬戲影戲各種。

伶

平

音零。樂官曰伶。優伶。伶人。

郎丁切。黃帝以伶倫為樂師。其後伶氏世掌樂事。故後世號樂官為伶官。一說。伶。弄臣也。今稱優人為伶。兼此二意。

優

平

音憂。巧於戲者曰優。倡優。優劣。

於尤切。優。諧戲者也。故今稱演劇者為優。優能以巧勝人。故引申為優劣之優。又轉為優裕之優。

賭

上

音睹。賽分勝負曰賭。賭博。

董五切。賭有尚智力者。如中國之圍棋。擊球。西國之賽馬打彈等是。有不尚智力者。如中國之闈姓。西國之彩票等是。賭必分勝負。故亦以為凡相比較者之稱。

倡 娼

去 平

音昌。女樂曰倡。倡優。俳倡。音唱。發歌也。倡和。

齒良切。凡女之善唱者謂之倡。通作娼。又尺亮切。長歌也。字與唱通。凡歌有倡和。倡者首發而和者繼之。故引為發始之義。如倡率之倡是也。

妓 伎

去

音伎。女樂曰妓。妓女。聲妓。

巨綺切。女子借色藝以悅人者曰妓。古無妓名。漢武帝置營妓。以待軍士之無妻室者。即後世娼妓之始也。妓與伎通用。伎又與技通用。

化

去

花去聲。躬行於上、風動於下曰化。教化。化生。

火跨切。荀子狀變而實無別而為異者謂之化。即開化學家之理。化學有化合化分之說。化二質或數質為一物曰化合。化一物為二質或數質曰化分。

淡

去 澹

音啖。色味淺薄皆曰淡。淡茶。鹹淡。

杜覽切。化學氣名。其氣四分與養氣一分合而成空氣。人物之骨肉皆含是氣。草木之質。間亦含之。此氣多出於硝。故又名硝氣。人物全賴是氣生肌。故又名育氣。亦為原質之一。

養

去 上

音癢。豢之長之曰養。生養。音恙。奉養。

以兩切。化學家以生氣為養氣。是氣也風水火賴之以成。人物賴之以生。故名曰養。總計地球之體。養氣居半。人物之體。養氣居過半。 又為人役使曰養。凡廝養。民養。都養。皆本此義。 又餘亮切。下奉上也。

綠

入

音錄。青黃合色為綠。紅綠。碧綠。

龍玉切。化學氣名。為原質之一。雜於土類者居多。草木生物皆含之。其味臭。其色綠。與鹻精相合成鹽。故又名鹽氣。其用能漂白。能解諸毒。其淡者能療瘵症。然多吸之則傷肺而致斃。

輕

平

音卿。物之易舉者曰輕。輕便。輕賤。

去盈切。馳敵致師之車也。 又化學輕氣為原質之一。其氣二分與養氣一分相合成水。凡含水之物。皆有是氣。故又名水母。其用甚廣。最著者為輕氣球。輕氣燈。

弗

入

音紱。不字重讀曰弗。弗肯。弗許。

分勿切。化學弗與綠氣同類。為原質之一。玉石及人畜牙骨間多有是質。性酷毒。能蝕五金玻璃之類。故泰西製花草於玻璃片上多用之。其純濃者。人體灼之猛於烈火。

喜

上

音蟢。不言而悅曰喜。歡喜。喜慶。

許里切。化學以養硝二氣合成。嗅之輒笑不止。久始安靜。能止痛。醫者用刀割瘡傷等症。則令吸之。以一二升為限。不純者傷肺。故吸時宜慎。

强

上 平 彊

音彊。無所屈撓曰强。强大。强壯。强上聲。勉强。

巨良切。大也。健也。强水藥名。有磺强、硝强、鹽强之別。質流味酸。捫之則皮肉潰爛。除鈀鉑黃金外。其他金屬一遇强水無不消鎔。化學家以磺强為最要之品。非此無以製硝强鹽强等水。 又其兩切。勉也。

酸

平

音霰。木之臭曰酸。酸醋。辛酸。

蘇官切。化學二物相合成鹽。其一必為酸類。又性之酸者皆以酸名。故有草酸、果酸之名。各種强水皆有酸味。故强水亦名酸水。

酵

去

音教。釀酒之料曰酵。發酵。

居效切。為養輕炭硝四氣及硫磺光藥相合而成。與蛋白質相似。草木果實之有甘味者皆含之。其用可以釀酒起麵。

卝

上 礦 鑛

音獷。金石之樸曰卝。開礦。礦務局。

古猛切。卝有層理。恒與地勢相關。故採卝者必明地學。卝質非化合化分不能悉其純雜。故辨卝者必諳化學。 西人最重卝學。中國前朝引為弊政。且有風水之說阻之。故卝產雖饒。未及暢辦。

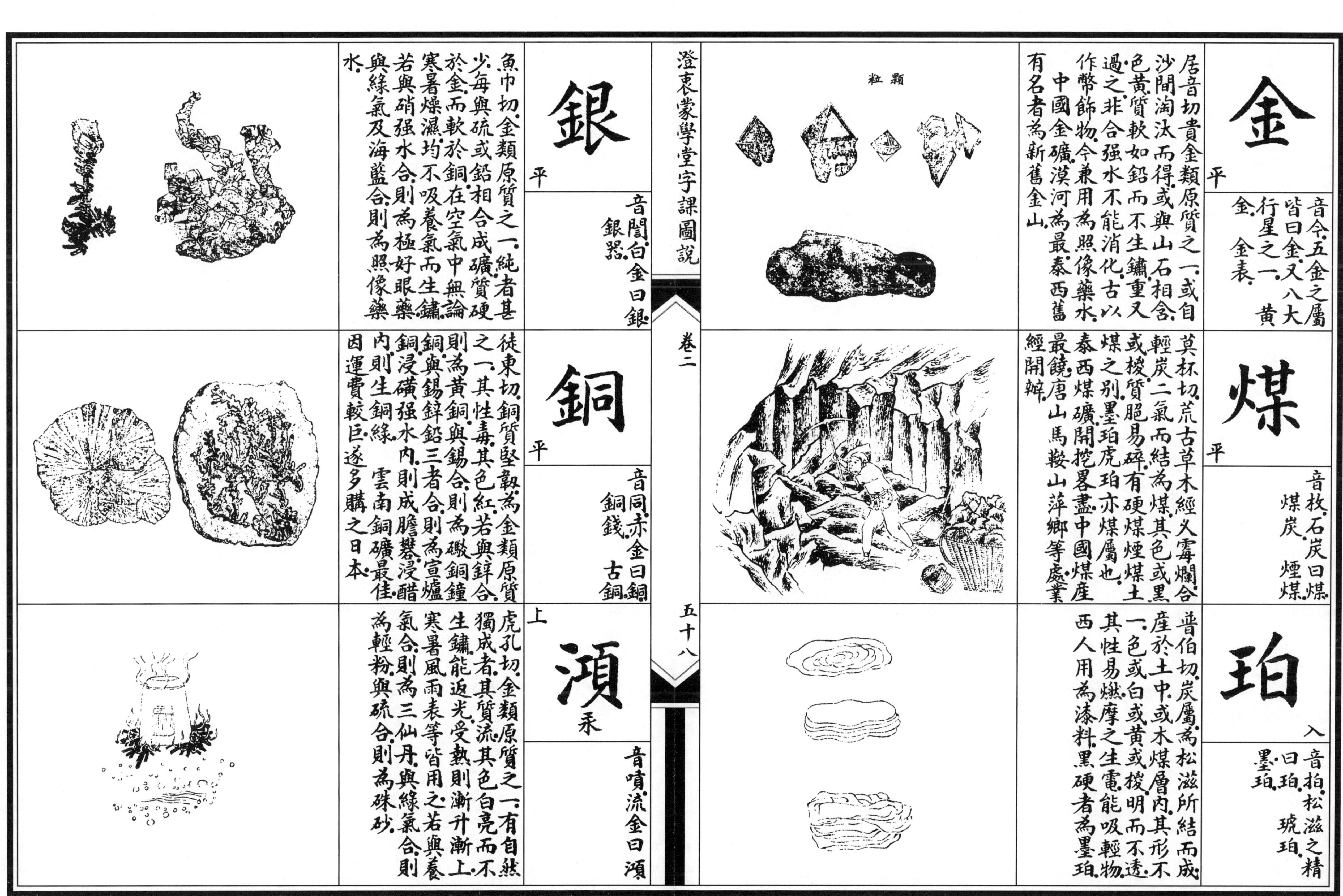

金 平

音今。五金之屬皆曰金。又八大行星之一。黃金。金表。

居音切貴金類原質之一。或自沙間淘汰而得。或與山石相含。色黃。質軟如鉛而不生鏽。重又過之。非合强水不能消化。古以作幣飾物。今兼用為照像藥水。中國金礦。漠河為最。泰西舊有名者為新舊金山。

煤 平

音枚。石炭曰煤。煤炭。煙煤。

莫杯切。荒古草木經久霉爛。合輕炭二氣而結為煤。其色或黑或棱。質肥易碎。有硬煤煙煤土煤之別。墨珀虎珀亦煤屬也。泰西煤礦。開挖畧盡。中國煤產最饒。唐山馬鞍山萍鄉等處。業經開辦。

珀 入

音拍。松滋之精曰珀。琥珀。墨珀。

普伯切。炭屬。為松滋所結而成。產於土中。或木煤層內。其形不一。色或白或黃或棱。明而不透。其性易燃。摩之生電。能吸輕物。西人用為漆料。黑硬者為墨珀。

銀 平

音誾。白金曰銀。銀器。

魚巾切。金類原質之一。純者甚少。每與硫或鉛相合成礦。質硬於金。而軟於銅。在空氣中無論寒暑燥濕。均不吸養氣而生鏽。若與硝强水合。則為極好眼藥。與綠氣及海鹽合。則為照像藥水。

銅 平

音同。赤金曰銅。銅錢。古銅。

徒東切。銅質堅韌。為金類原質之一。其性毒。其色紅。若與鋅合。則為黃銅。與錫合。則為礮銅鐘銅。與錫鋅鉛三者合。則為宣爐銅。浸磺强水內。則成膽礬。浸醋內。則生銅綠。雲南銅礦最佳。因運費較巨。遂多購之日本。

澒 上 汞

音嗊。流金曰澒。

虎孔切。金類原質之一。有自然獨成者。其質流。其色白亮而不生鏽。能返光。受熱則漸升漸上。寒暑風雨表等皆用之。若與養氣合。則為三仙丹。與綠氣合。則為輕粉。與硫合。則為硃砂。

銀

銅

金

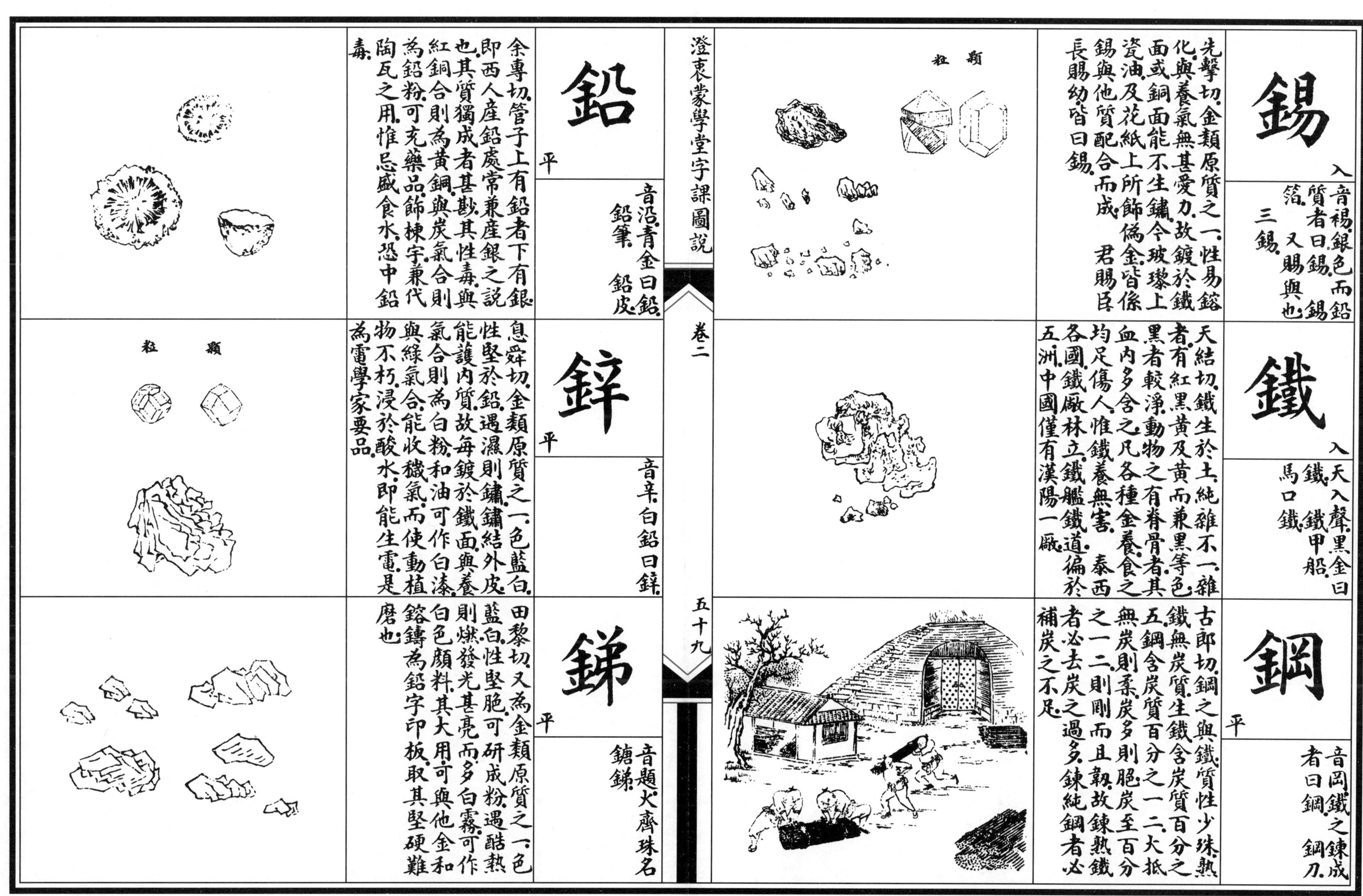

錫 入

音裼。銀色而鉛質者曰錫。錫箔。又賜與也。三錫。

先擊切。金類原質之一。性易鎔化。與養氣無甚愛力。故鍍於鐵面或銅面能不生鏽。今玻瓈上瓷油及花紙上所飾僞金皆係錫與他質配合而成。　君賜臣長賜幼皆曰錫。

鐵 入

音天入聲。黑金曰鐵。鐵甲船。馬口鐵。

天結切。鐵生於土。純雜不一。雜者有紅黑黃及黃而兼黑等色。黑者較淨。動物之有脊骨者。其血內多含之。凡各種金養食之均足傷人。惟鐵養無害。　泰西各國鐵廠林立。鐵艦鐵道。徧於五洲。中國僅有漢陽一廠。

鋼 平

音岡。鐵之鍊成者曰鋼。鋼刀。

古郎切。鋼之與鐵質性少殊。熟鐵無炭質。生鐵含炭質百分之五。鋼含炭質百分之一二。大抵無炭則柔。炭多則脆。炭至百分之一二則剛而且韌。故鍊熟鐵者必去炭之過多。鍊純鋼者必補炭之不足。

鉛 平

音沿。青金曰鉛。鉛筆。鉛皮。

余專切。管子。上有鉛者下有銀。即西人產鉛處常兼產銀之說也。其質獨成者甚尠。其性毒。與紅銅合則為黃銅。與炭氣合則為鉛粉。可充藥品。飾棟宇。兼代陶瓦之用。惟忌盛食水。恐中鉛毒。

鋅 平

音辛。白鉛曰鋅。

息舜切。金類原質之一。色藍白。性堅於鉛。遇濕則鏽。鏽結外皮能護內質。故每鍍於鐵面。與養氣合則為白粉。和油可作白漆。與綠氣合。能收穢氣。而使動植物不朽。浸於酸水。即能生電。是為電學家要品。

銻 平

音題。火齊珠名。鍗銻。

田黎切。又為金類原質之一。色藍白。性堅脆。可研成粉。遇酷熱則燃。發光甚亮。而多白霧。可作白色顏料。其大用可與他金和鎔鑄為鉛字印板。取其堅硬難磨也。

鉑 入

音泊。藥紙隔金屑而捶之者曰鉑。即俗名烏金紙。

白各切。又為金類原質之一。地產甚少。間有薄片小粒。色如銀鉛。而堅重過之。大冶不鎔。強酸不化。必遇電火日火。然後鎔化。故以作甑。可以化分一切猛烈之物。及熬煮濃厚各強。

鉀 入

音甲。戎服之可以禦擊刺者曰鉀。與甲同。鎧鉀。

古狎切。又為鹻屬金類之一。其質常含於別物之內。惟草木尤多。可於爐後取之。性毒。色白如銀。質輭如蠟。與養氣愛力最大。故着水即燃。

錳 上

音猛。鐵色而鋼質者曰錳。字書無此字。化學家新造也。今則常見於公牘。

莫杏切。為金類原質之一。色白如生鐵。質堅脃。雖鋼銼不入。可用以畫玻瓈。鑽瓷料。尋常寒暑亦不生鏽。第淨者甚少。其與鐵合者為錳鐵。以製鐵軌。經久不磨。與養合者可作玻瓈及漂白粉。

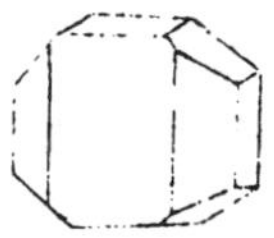

顆粒

炭 去

音歎。燒木之餘曰炭。煤炭。麩炭。

他晏切。為非金類原質之一。其精與養淡合。則為空氣。與土類合。則為石。為煤。在野為草木。入生物體。則成皮肉。而動植物所含較土石尤多。其純者有三類。曰金鋼石。曰筆鉛。曰木炭。

灰 平

音虺。火之餘燼曰灰。煙灰。灰塵。

呼恢切。尋常之質。含有炭養二氣。如鍊得其精。實為金類。足以肥田去垢。農家寶之。而澣衣者亦取以淨垢。

硫 平

音留。形如松香而堅脃者曰硫磺。

力求切。為非金類原質之一。動植物多含之。與金類合。則成礦產。其近於火山者較純。純者色淡黃。質脃。磨之則生臭。性烈易燃。火色淡藍。與養氣合。則為磺強水。係化學家最要之品。

鹻 上

音減。滌垢。之料曰鹻。石鹻。洋鹻。

古斬切。為鹻屬金類之一。雖產於地。實草木灰中所遺之質也。去炭養雜質。即為淨鹻。其色白。遇濕則化而為霜。為造肥皂及玻璃之要料。亦可充作藥品。

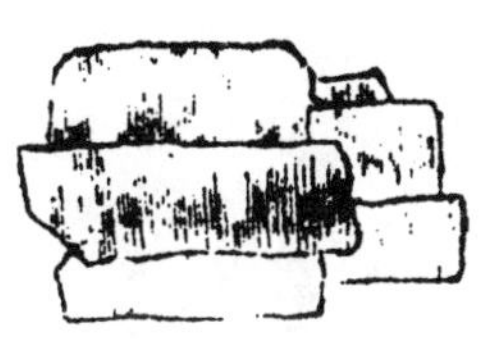

鹽 平

音閻。海水之滓為鹽。米鹽。鹽井。

移廉切。為鹻屬金類之一。係鈉綠所成。其色灰白。味鹹易消。在地成礦。間有厚至千餘尺者。今川滇食鹽多取於井。甘陝多取於池。江淮多取於海。

硝 平

音宵。元明粉之別類也。火硝。

先彫切。為鹻屬金類之一。有朴硝火硝等類。顆形不等。細者如鍼如毛。生於舊牆陰處。或石洞之中。色白微透明。味鹹而冷。遇火即燃。火色白。可充藥材。及造火藥硝強水等用。

硼 平

音怦。如礬而粒形者曰硼沙。

披耕切。為鹻屬金類之一。粒如斜方柱。色白而明光若玻璃。味甜微鹹。遇熱則驟漲而化。可點金類使之速鎔。

瑙 上

音腦。寶石之類。瑪瑙。

乃老切。石屬。產於火山石隙之中。質硬而面光。有紅黑白三色。含苔紋帶紋。如馬之腦。故名曰瑪瑙。可鑲為佩飾。刻為章戳。以色紅者為貴。黑白者次之。

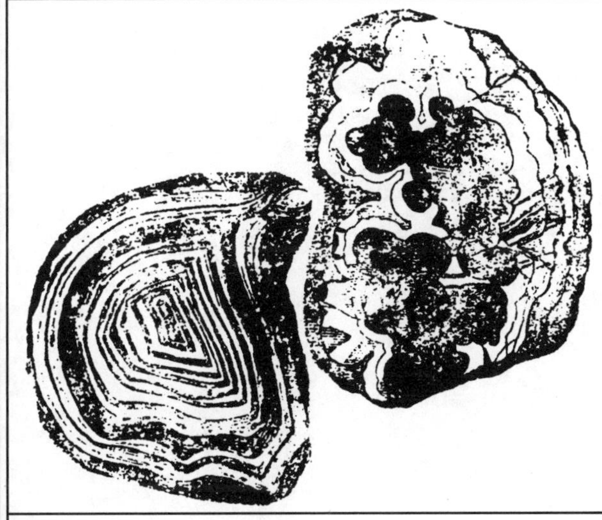

礬 平

音煩。似鹽而明肥味濇者曰礬。生礬。礬石。

附袁切。明礬為土屬金類之一。顆粒作八面形。亦有結成花形者。色白。有光絲隱於其間。味濇微甜。可作染布製皮之用。此外有鉀礬鈉礬鐵礬錳礬等名。紅藍寶石亦礬屬也。地產者為礬石。採之可以取礬。

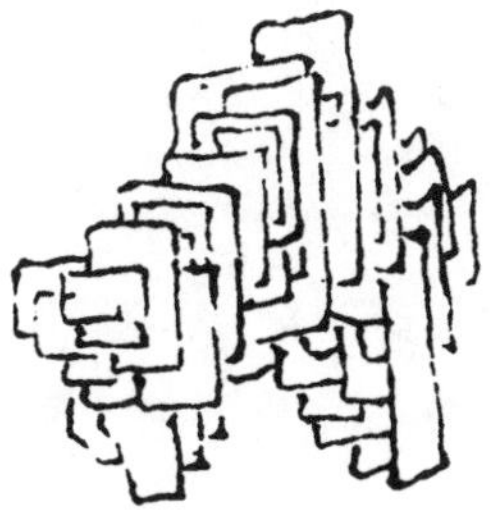

顆粒

晶 平

音精。石英之精曰晶。水晶。墨晶。

子盈切。為石英之最明者。產巴西及美之洛機山。顆形六角。尖長若錐。有紫晶紅晶茶晶墨晶之別。可作印章。除紅紫二晶外。皆可為眼鏡之用。

玻 平

音頗。人造之晶曰玻瓈。

滂禾切。為火石白砂等質經鍊而成。其瑩如水。其潔如玉。大可充顯微諸鏡之林。小可作杯盂窗鑑之用。　西國多玻瓈廠。中土絕少。

玻璃量杯

碯 上

與瑙同。如硝而粒形者曰鹽碯。

乃老切。為鹻屬金類之一。產火山中。或煤礦內。顆粒為八面形。結成苔蘚。附於石面。其色或白或黃或灰。明而不透。味鹹微辛。入水易化。遇火即燃。可資以成電氣。充藥材。兼代銲藥之用。以樟樹煮成者與此異。

磇 平 砒

音批。俗以磇礵為毒藥。

篇迷切。又名信石。為鈡養所結而成。色白味辛。性毒易鏽。入水即消。遇熱則化而為氣。與硫合者為雄黃或雌黃。與銅合者為綠色顏料。凡磇合成之質。性多酷毒。化學家因鍊磇而熏斃者甚多。

燐 平

音鄰。久血為燐。俗名鬼火。

力珍切。為腐屍朽物中所生。而無自然獨成之質。有二形。一為半明輭質。面光如蠟。遇空氣則燃。一為硬質。性不自燒。可為自來火之料。

力 入

陵入聲。動靜之司曰力。用力。力量。

林直切。萬物之動。皆力動之。萬物之靜。皆力靜之。力分多種。要者有三。曰吸力。曰結力。曰愛力。無吸力則萬體飄蕩空際。無結力則物質鬆散如粉。無愛力則物與物無感應之機。

動 上

同上聲。靜之對曰動。行動。地動。

杜孔切。凡物易位謂之動。其動之易見者。如水流地震是也。其動之不覺者。如地繞日行是也。其有彼動此亦動。而仍不覺其動者。如人坐於舟。鳥集於桅。第見舟動。而不知人鳥與之偕動也。

漲 去

音帳。物受熱而發鬆曰漲。 發漲。

知亮切。凡物體受熱。則質點之結力為熱力驅而發鬆。熱愈烈則質愈鬆。質愈鬆則形愈大。如定質初熱則漲為流質。再熱則漲為氣質。其力之猛。足以抵動轆轤而運各種汽機

縮 入

音蹜。物受冷而內斂曰縮。 縮短。 退縮。

所六切。縮力本係物質原有之結力。乃因熱力蒸逼而解鬆。迨熱度既減。則結力漸復。而形亦漸小。似乎別有力焉以主之。故徑名為縮力。

黏 粘 平

音鮎。相膠而合者曰黏。 黏信。

尼占切。黏力本非結力。實可以濟結力之窮。第不能如結力之經久難變。即如以膠緘函。視之若堅。受濕則解。以灰塗壁。宛若生成。捶之即脫。此黏力之所以不如結力也。

助 去

耡去聲。以此濟彼曰助。 幫助。 助賑。

狀祚切。萬物之力有窮。而造化之功自無限制。故必借衆力以助之。是為助力。即如奇巧之機。助力二倍。則增力四倍。助力三倍。則增力九倍。可見助力之功用大於原力多矣。

阻 上

音組。撓而止之曰阻。 阻隔。 險阻。

側呂切。阻力者無形之抵力也。如人疾行於道。其前面若有力焉以阻之。甚者至於顛蹶。又如輪車在軌。其行如飛。而機軸一停。則必返行數武。此皆阻力為之也。

速 入

音⿰亻束。趨路遠而歷時少者曰速。 速做。 速去。

蘇谷切。物之速力本屬有限。若欲加速一倍。則必助力四倍。力盡仍為平速。即如輪船航海。每日常行百里。今欲輪行倍速。則汽機當增四倍之力。力盡則仍減速如前矣。

壓 入

音鴨。力之自上而下者曰壓。 壓倒。 壓壞。

乙甲切。壓力為萬物原有之力。憑其質點之疏密而分大小。即以木石二物觀之。石之質點較密於木。則石之壓力亦勝於木。故將木石投水。祇見木浮而不見石浮也。

抵 上

音邸。物與物拒曰抵。 抵當。 抵罪。

都禮切。物為物阻。則生擊力。阻之之物。即生力以抵之。是謂抵力。擊抵二力。率必相等。即如按指几上。便覺有力與指相抵。按力愈大。則抵力亦愈大。 又轉為相當之義。

傳 平 去

音椽。以此授彼曰傳。 傳授。 傳聞。 經傳。 音瑑。

重緣切。此物之力。傳於彼物。是謂傳力。此物所傳若干力。必為彼物所得若干力。故物順觸則前物行度加速。物逆觸則一前行一返行。動物與靜物觸則靜者倏動。而動者漸靜。 又柱戀切。解經之言也。

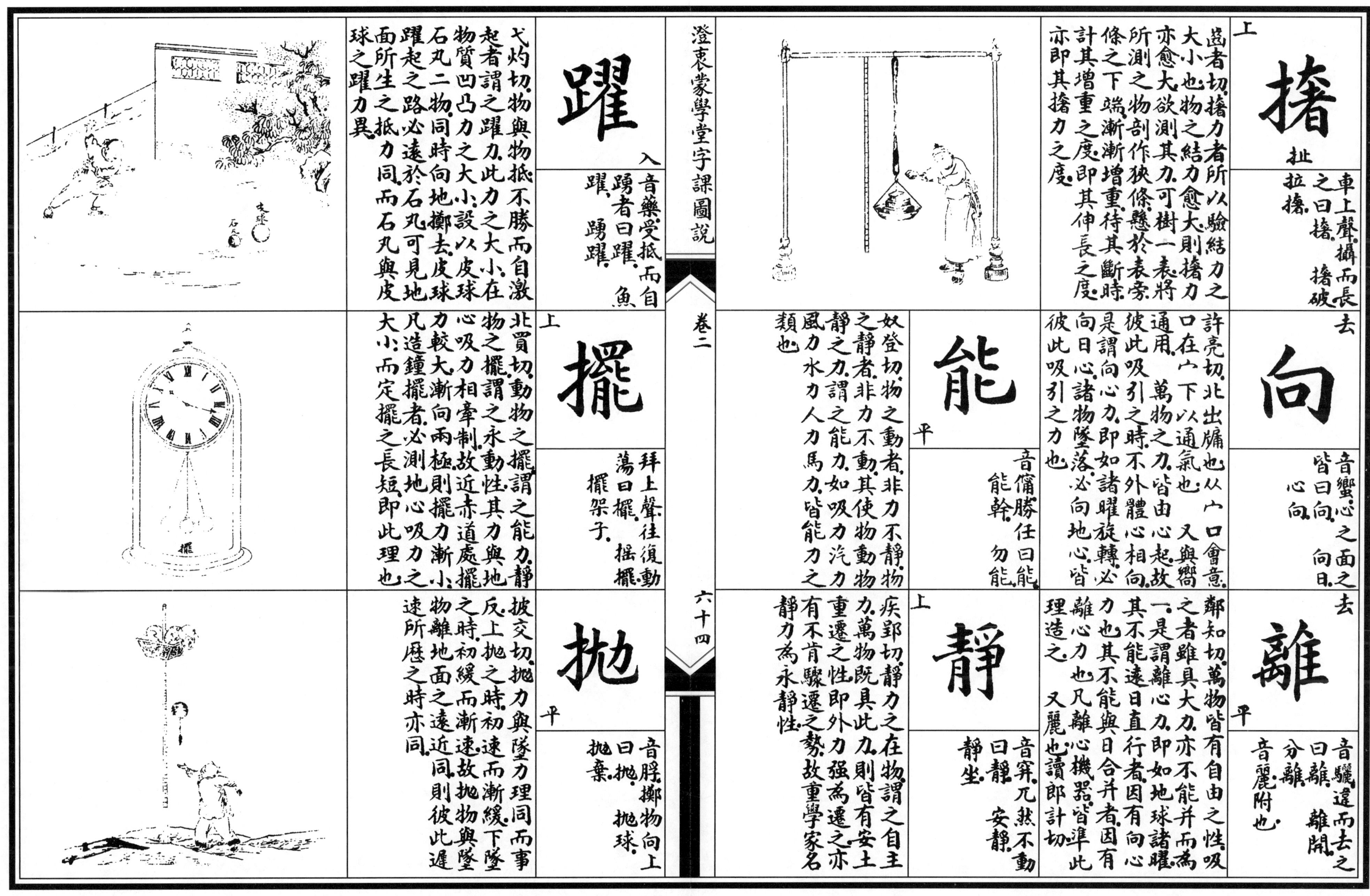

撦 上 扯

車上聲。攞而長之曰撦。撦破。拉撦。

齒者切。撦力者，所以驗結力之大小也。物之結力愈大，則撦力亦愈大。欲測其力，可樹一表，將所測之物剖作狹條，懸於表旁，條之下端漸漸增重，待其斷時，計其增重之度，即其伸長之度，亦即其撦力之度。

向 去

音嚮。心之面之，皆曰向。向日。心向。

許亮切。北出牖也。从宀口，會意。口在宀下，以通氣也。又與嚮通用。萬物之力，皆由心起，故彼此吸引之時，不外體心相向，是謂向心力。即如諸曜旋轉，必向日心；諸物墜落，必向地心，皆彼此吸引之力也。

離 平 去

音驪。違而去之曰離。離開。分離。音麗。附也。

鄰知切。萬物皆有自由之性，吸之者雖具大力，亦不能并而為一，是謂離心力。即如地球諸曜，其不能遠日直行者，因有向心力也；其不能與日合并者，因有離心力也。凡離心機器，皆準此理造之。又麗也，讀郎計切。

能 平

音儜。勝任曰能。能幹。勿能。

奴登切。物之動者，非力不靜；物之靜者，非力不動。其使物動物靜之力，謂之能力。如吸力、汽力、風力、水力、人力、馬力，皆能力之類也。

靜 上

音穽。兀然不動曰靜。安靜。靜坐。

疾郢切。靜力之在物，謂之自主力。萬物既具此力，則皆有安土重遷之性，即外力強為遷之，亦有不肯驟遷之勢，故重學家名靜力為永靜性。

躍 入

音藥。受抵而自踴者曰躍。魚躍。踴躍。

弋灼切。物與物抵，不勝而自激起者，謂之躍力。此力之大小，在物質凹凸力之大小。設以皮球、石丸二物，同時向地擲去，皮球躍起之路，必遠於石丸，可見地面所生之抵力同，而石丸與皮球之躍力異。

擺 上

拜上聲。往復動蕩曰擺。搖擺。擺架子。

北買切。動物之擺，謂之能力；靜物之擺，謂之永動性。其力與地心吸力相牽制，故近赤道處擺力較大，漸向兩極，則擺力漸小。凡造鐘擺者，必測地心吸力之大小，而定擺之長短，即此理也。

拋 平

音脬。擲物向上曰拋。拋球。拋棄。

披交切。拋力與墜力理同而事反。上拋之時，初速而漸緩；下墜之時，初緩而漸速。故拋物與墜物離地面之遠近同，則彼此遲速所歷之時亦同。

重

上　平

音憧。物之不易舉者曰重。　重複。

音種。　重做。

直隴切。重為質體原存之力。萬物含之以相吸引。體愈大、質愈密者，其重亦愈增。　又直容切。疊也。凡五重、三重、再重、九重、重剛，皆本此義。

結

入

音拮。締而不釋之謂結。　結束。

古屑切。萬物有質，皆有結力。大者如地球，亘古不變；小者一草一木、一花一葉，既有本然之質，即有固結不解之形。至橡皮、鋼條，皆以人力矯揉為之，雖有結力，而已失其本體矣。

吸

入

音翕。納息曰吸。　呼吸。

迄及切。物感物則生引力，物為物感則生應力。一引一應，是謂吸力。物大則吸力亦大，如行星繞日是也；物小則吸力亦小，如琥珀拾芥、磁石引鍼之類是也。

墜

去

垂去聲。物由高落曰墜。　下墜。

直類切。墜力之速不能一徑平勻，係為地心吸力所牽，故物愈近地則墜愈速。惟其遞速之率自有定例。設有巨石下墜，第一秒時墜十六尺，第二秒時必三倍其速。故測高測深，可以石墜歷時之秒數推之。

託

入

音拓。信而任之曰託。　囑託。　拜託。

他各切。託力為地心吸力之阻力，又為壓力之抵力，故必大於吸壓二力之和，始能顯見。即如舟行水面，實為水之託力所承。若再加重於舟，必至沈沒。凡有託力者，皆準此理。

杆

平　桿

音干。僵木如梃曰杆。　旗杆。

居寒切。杆為重學中最簡之器，或硬木，或堅鐵，為之。其形有曲有直，憑於一點，即能起動。計一杆上可分三點：加力處曰力點，憑靠處曰倚點，任重處曰重點。

軸

入

音逐。旋運輾轉之機曰軸。　卷軸。　輪軸。

直六切。軸為輪心輾轉之機，形如圜柱，兩端有樞，可以轉動。乾軸、地軸、當軸、杼軸，皆取義焉。

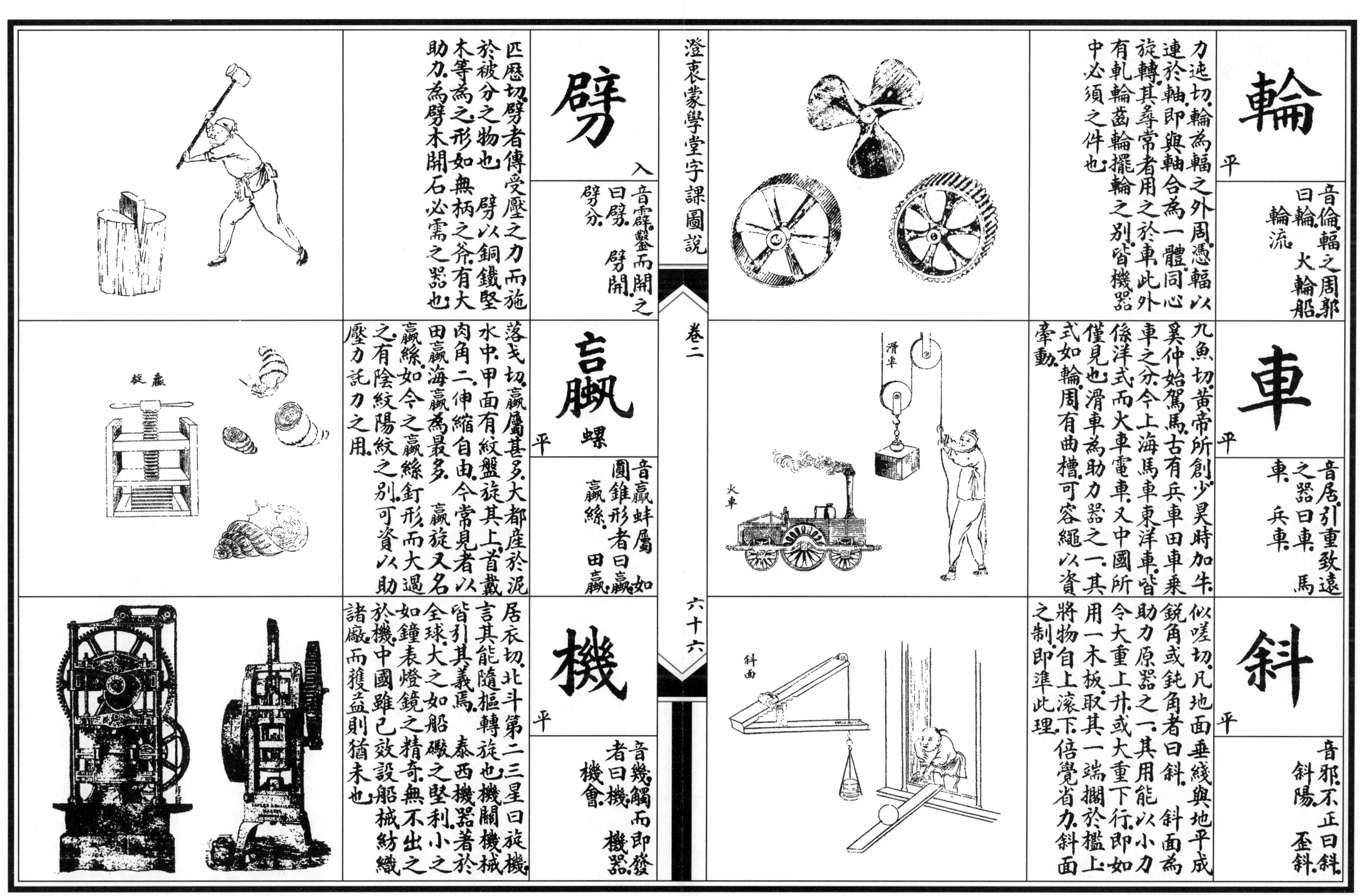

輪 平

音倫。輻之周郭曰輪。 火輪船。 輪流。

力迍切。輪為輻之外周。憑輻以連於軸。即與軸合為一體。同心旋轉。其尋常者用之於車。此外有軌輪、齒輪、擺輪之別。皆機器中必須之件也。

車 平

音居。引重致遠之器曰車。 馬車。 兵車。

九魚切。黃帝所創。少昊時加牛。奚仲始駕馬。古有兵車、田車、乘車之分。今上海馬車、東洋車。皆係洋式。而火車、電車。又中國所僅見也。滑車為助力器之一。其式如輪。周有曲槽。可容繩以資牽動。

斜 平

音邪。不正曰斜。 斜陽。 歪斜。

似嗟切。凡地面垂綫與地平成銳角或鈍角者曰斜。 斜面為助力原器之一。其用能以小力令大重上升。或大重下行。即如用一木板。取其一端擱於檻上。將物自上滾下。倍覺省力。斜面之制。即準此理。

劈 入

音霹。鑿而開之曰劈。 劈開。 劈分。

匹歷切。劈者傳受壓之力而施於被分之物也。劈以銅鐵堅木等為之。形如無柄之斧。有大助力。為劈木開石必需之器也。

蠃 平 螺

音蠃。蚌屬。如圓錐形者曰蠃。 蠃絲。 田蠃。

落戈切。蠃屬甚多。大都產於泥水中。甲面有紋盤旋其上。首戴肉角二。伸縮自由。今常見者以田蠃、海蠃為最多。 蠃旋又名蠃絲。如今之蠃絲釘形而大過之。有陰紋陽紋之別。可資以助壓力託力之用。

機 平

音幾。觸而即發者曰機。 機器。 機會。

居衣切。北斗第二三星曰旋機。言其能隨樞轉旋也。機關機械皆引其義焉。 泰西機器著於全球。大之如船廠。小之如鐘表燈鏡之精奇。無不出之於機。中國雖已效設船械紡織諸廠。而獲益則猶未也。

光
平

廣平聲。熱力發現則成光。光明。摩光。

古黃切。光者萬物賴以顯諸色藉以分其類約分為五本質發光者曰原光如日是也本質無光借他光返照者曰映光如月是也炭與養化合生火者曰火光如燃柴蠟是也雷火曰雷光燐火曰冷光

像
上

音象。物相肖者曰像。拍像。

徐兩切。凡物所發光綫聚合而成虛形者謂之形像。如鏡中花水中月是也

影
上

英上聲。形之所蔽曰影。月影。黑影。

於景切。凡光發射遇物而阻則物後必暗。是之謂影。體實者成影濃。體明者成影淡。阻光體小於發光體者成影漸尖。大於發光體者成影平行。凡潤影平影皆漸遠漸淡。影有正有副。

浪
去 平

音閬。水遇風則浪。波浪。麥浪。音郎。滄浪。

郎宕切。萬物震動皆能成浪。如諸曜之光閃閃不定即光浪也。鐘磬之聲餘音裊裊即聲浪也。然其浪之所以能達於目而傳於耳者仍賴風氣為之。又魯堂切。滄浪水名。

回
平

音洄。去而復返曰回。回來。縮回。

胡隈切。格致聲有回聲。光有回光。其聲浪光浪皆因遇阻而回。故光射水面則映聲在空谷則應也。回光綫與阻面垂綫所成之角。必等於發光綫與阻面垂綫所成之角。回聲之理準此

折
入

音浙。執而斷之曰折。曲折。折回。

旨熱切。光學。光綫由疏質透過密質。必向質面垂綫而折。則視遠物如近。故水中之物轉顯其高。若由密質透過疏質。必離質面垂綫而折。則視近物轉覺其遠。故視玻璃窗外之路較長。折聲之理準此

濃
平

音醲。淡之對曰濃。濃茶。

尼容切。色之濃淡關乎質之厚薄。點之疏密。質厚點密者其色必濃。如臨池視水。淺者作淡綠色。深者作濃綠色。及取而盛諸盤內。則淡若無色。此其明驗也

凹 入

音浥。平面下陷曰凹。凹鏡。俗讀若拗平聲。

乙洽切。萬物有質。皆有凹凸力。而所生抵力則不同。凹力所生者聚而近。凸力所生者散而廣。即如以凹鏡向日取火。其得火之點必在鏡前。若以凸鏡取之。則在鏡後。力點聲點皆準此理。

凹鏡

凸 入

音豚入聲。平面突起曰凸。凸鏡。

陁没切。其説詳凹。

凸鏡

幻 去

音患。以僞惑真曰幻。幻術。夢幻。

胡慣切。光學。折光映射所成虛形。謂之幻景。瀕海居民。忽見空際樓臺城郭。誤為仙境。實則海面光綫折向天空。與諸島轉相映照。聚成虛像。而折入人目也。兩平鏡相交。其角愈小。成像愈多。亦同此理。

閃 上

音凋。倏現而倏滅者曰閃。電閃。閃光。

失冉切。窺頭門中也。䠞避也。光學。回光之體。點愈密而質愈堅者。則光閃愈速。如金剛石。貓兒眼。其光一閃即變。因名為戲色。實其光之折率甚密也。

聲 平

聖平聲。萬物之籟曰聲。風聲。聲音。

書征切。聲者形氣相軋而成。兩氣軋者如雷聲。兩形軋者如鐘聲。形軋氣者如飛聲。氣軋形者如簫聲。大凡物動必有聲。全仗空氣以傳之。無氣則雖有聲而耳不得而聞矣。

絃 平

音賢。與弦同。今以張於琴瑟者為絃。從俗説也。弓弦。琴絃。

戶田切。聲學。絃之能生音者。因其一經受撥。則往復蕩動。能使空氣激成聲浪。而傳於耳。其絃愈短。徑愈小。質愈輕。引愈急者。其音愈高。又周髀算經。折矩以為句。廣三。股修四。徑隅五。所謂徑隅者即弦也。

音 平

音陰。聲成文謂之音。聲音。

於今切。音之高低。視乎聲之動數。動愈多。則聲愈高。動愈寡。則聲愈低。每秒十六動者為最低。每秒三萬八千動者為最高。尋常樂器。一秒以四十動至四千動為止。

律 入

音肆。所以定分止爭者曰律。律例。音律。

劣戌切。銓也。所以銓量輕重也。故律法聲律。皆取義焉。黃帝作律十二。陽六為律。陰六為呂。今西人以八音為一調。每調分律十二。雖無陰陽之名。實與中土無異。

簧 平

音黃。樂器中發聲之薄葉曰簧。 笙簧。 簧皷。

胡光切。紙窗裂縫。一經風弄。則嗚嗚有聲。其動愈速。成音愈高。簧之生音。亦由此理。然其本音內所生附音。較高於弦所生者。因弦之震動。藉外加之牽力。而簧之震動。藉本體之凹凸力也。簧愈短者。其音愈高。

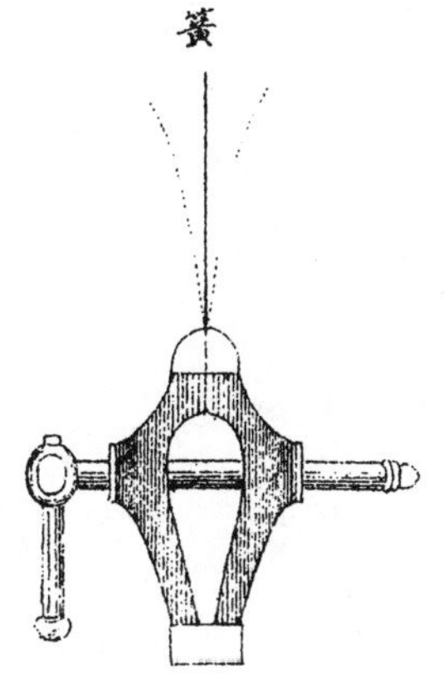

管 上

音筦。形如截竹曰管。 竹管。 總管。

古緩切。黃帝用以定音審律之器也。截竹十二。長短有差。候氣奏之。節其音律。其音愈高。其管愈短。所生附音。較弦為大。蓋弦之生音。藉外加之牽力。而管則因氣點之凹凸力。順管直動而成浪也。 又總理其事曰管。

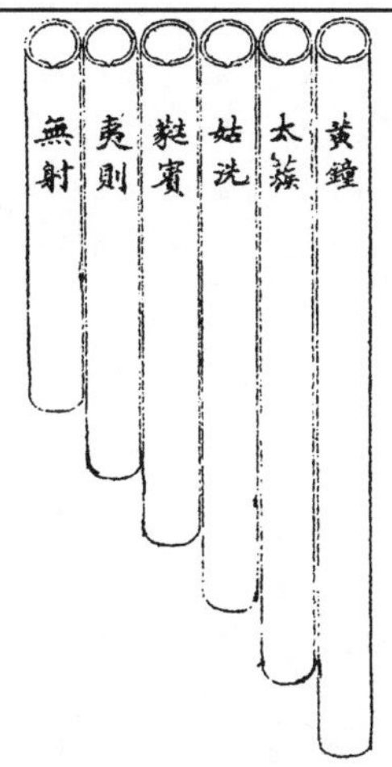

算 上

音簒。籌畫之曰算。 算盤。 筆算。

損管切。數也。从竹从具。具者備數也。古人削竹為籌。備計其數。故謂之算。算始黃帝之臣隸首。其術無傳。而以周髀算經九章算術為最古。後世宗之。代有修輯。明季利瑪竇等相繼來華。頗多新法。推步之術。視古益精矣。

點 上

音玷。無可分者曰點。 斑點。 點頭。

多忝切。點為萬物成形之始。故講礦學者言質點。講算學者言起點。而分句讀者又引為點竄之點。

綫 去

線

音線。絲縷之總名曰綫。 電綫。 綿綫。

私箭切。綫者成衣之縷。或麻或綿。或絲紡而成之也。 算學綫以點為界。有長短曲直。而無廣狹厚薄之分。

面 去

音偭。一體所見為面。 面色。 情面。

彌箭切。具耳目鼻口曰面。 〔囙〕篆文象首之正面。面骨有五。左右顴骨各一。左右腭骨各一。犁頭骨一是也。附骨之肌。計十二條。算學面者。止有長有廣。設如一綫橫行所留之迹。即成面也。

積 入

音迹。禾穀之聚曰積。 堆積。 積穀。

子息切。聚也。凡積德積習積重皆取義焉。 體之界為面。體之實為積。積數者為可約數乘他數所得之數也。

形 平

音邢。有於中而見於外者曰形。 情形。 形狀。

奚經切。形者身之舍也。申而為形體之形。又轉而為形勢之形。 算學或在一界或在多界之間者為形。

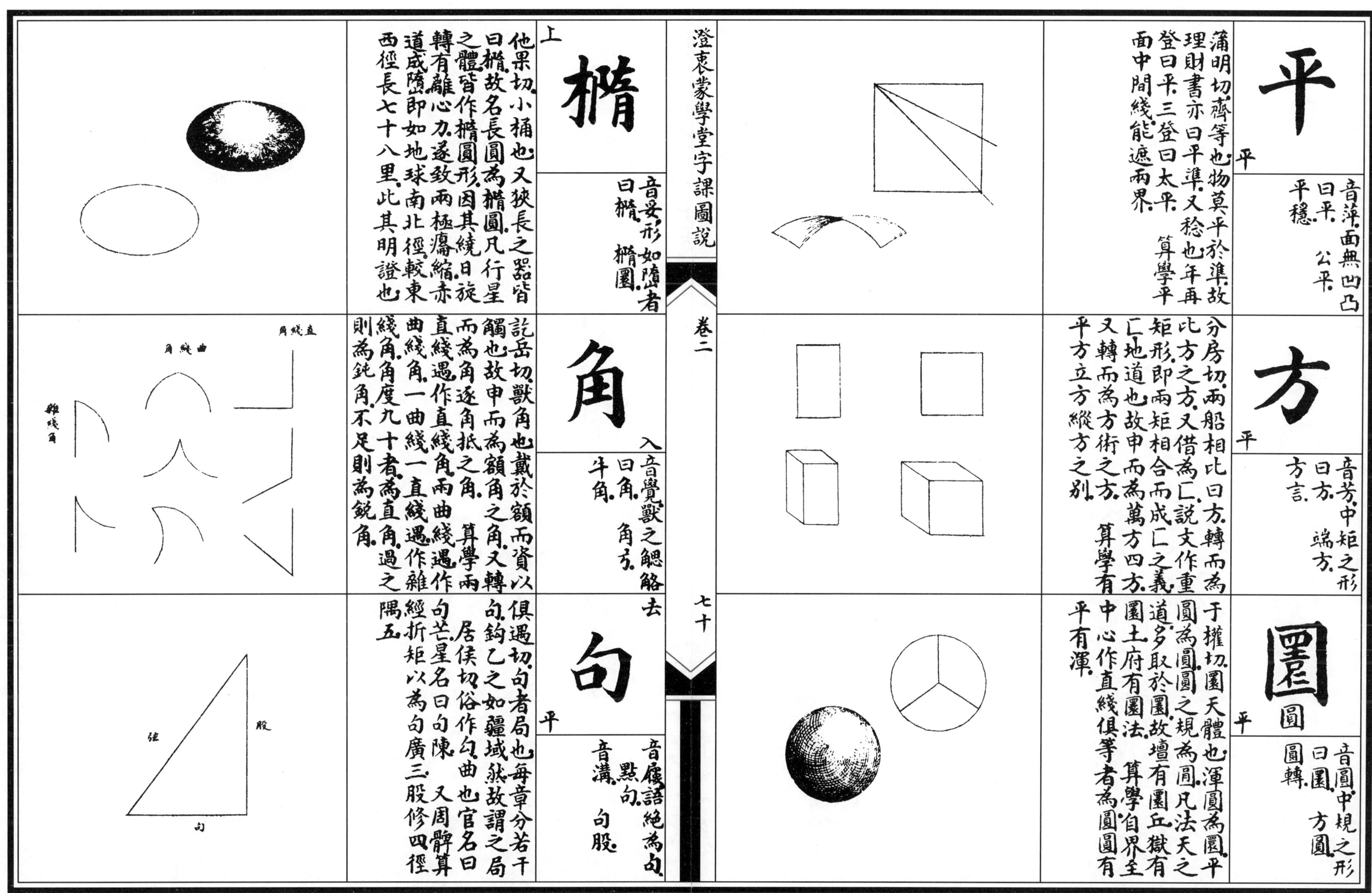

平 平

音萍。面無凹凸曰平。公平。平穩。

蒲明切。齊等也。物莫平於準。故理財書亦曰平準。又稔也。年再登曰平。三登曰太平。　算學平面中間綫能遮兩界。

方 平

音芳。中矩之形曰方。端方。方言。

分房切。兩船相比曰方。轉而為比方之方。又借為匚。說文作重匚。矩形。即兩矩相合而成匚之義。匚地道也。故申而為萬方四方。又轉而為方術之方。　算學有平方立方縱方之別。

圜 圓 平

音圓。中規之形曰圜。方圓。圓轉。

于權切。圜天體也。渾圓為圜。平圓為圓。圓之規為圓。凡法天之道多取於圜。故壇有圜丘。獄有圜土。府有圜法。　算學自界至中心作直綫俱等者為圓。圓有平有渾。

橢 上

音妥。形如隋者曰橢。橢圜。

他果切。小桶也。又狹長之器皆曰橢。故名長圓為橢圓。凡行星之體皆作橢圓形。因其繞日旋轉有離心力。遂致兩極癟縮。赤道成隋。即如地球南北徑較東西徑長七十八里。此其明證也。

角 入

音覺。獸之䚡觡。曰角。角弓。牛角。

訖岳切。獸角也。戴於額而資以觸也。故申而為額角之角。又轉而為角逐角抵之角。　算學兩直綫遇。作直綫角。兩曲綫遇。作曲綫角。一曲綫一直綫遇。作雜綫角。角度九十者為直角。過之則為鈍角。不足則為銳角。

句 去 平

音屨。語絕為句。點句。音溝。句股。

俱遇切。句者局也。每章分若干句。鉤乙之如疆域然。故謂之局。　居侯切。俗作勾。曲也。官名曰句芒。星名曰句陳。　又周髀算經折矩以為句廣三。股修四。徑隅五。

全 平

音泉。完而不缺曰全。全福。成全。

疾緣切。純玉也。言其無瑕病也。故轉而為完全之全。凡全人全德，皆取義焉。算學諸分之合曰全。設有一瓜，分而為八，則為八分；復以此八分并之，則謂之全。若以七分并之，則不特不合，亦且不得為全。

等 上

登上聲。二度自相合曰等。等第。加等。

得肯切。齊簡也。从竹从寺。寺者，簡冊雜積之地。故說文以齊簡為等。凡等級等威等類，皆引申焉。又借為待。今俗謂相待為等。蓋一音之轉也。算學有等數之數者，兩數有數能度。

倍 上

音背。加等曰倍。雙倍。倍數。

補妹切。背也。周禮大司樂注：倍文曰諷。謂不面其文而讀也。故反背之背亦作倍。又倍加一倍也。算學小能度大，則大為小之倍。淺言之，如大數為十八，小數為三，以三度十八，則得數為六，即大數為小數之六倍也。

分 平 去

音饙。合者離之曰分。分別。分明。汾去聲。股分。

府文切。別也。从八从刀。以刀分別物也。故凡春秋分，皆取義焉。古以一黍之廣為一分。今以一黍之縱為一分。十分為一寸。在權以十釐為一分。在測算以六十秒為一分。扶問切。分諸全者曰分。故算術中有命分。

和 平 去

音禾。合而無忤之謂和。溫和。和約。禾去聲。雜和。

胡戈切。大笙曰巢，小笙曰和。言其聲相和諧也。故太和和平皆引之。胡卧切。相應和也。申之為倡和調和。算學二度或數之并曰和。淺言之，如一度為五，一度為三，并之得八，即為和數。

較 去 入

音覺。車較上曲鉤曰較。重較。音教。方物曰較。較量。

訖岳切。車輢上重起如兩角者曰重較。古孝切。校也。因較而顯也。故引申為比較之較。又轉為較著之較。算學二不等度或數不等度相較之差曰較。如五與二較，其差三。三即五與二之較也。

加 平

音家。增益之曰加。加法。加倍。

居牙切。算學凡有若干數，欲總計之，必將若干數并之，是謂加法。設如一數為六，一數為八，一數為十四，總加之，則得二十八。此即加法也。

減 上

音醎。自度去度曰減。減法。減少。

古斬切。算學凡有一數，以他數減之，所得之數即為較數。求此較數之法，即為減法。尋常算法中之本數，必大於減數。設如本數為五十，減數為二十，以二十減五十，則得較數三十。此即減法也。

乘 平 去

音繩。自上而加曰乘。乘法。乘輿。音剩。車乘。

神陵切。登也。凡乘馬乘車乘舟皆有登意。算學加數之倍曰乘。術有乘法。實證切。物雙也。如乘禽乘黃是。又賦法以人計者，六十四井為乘。以家計者，三百戶為成，得革車一乘。如萬乘千乘之國，百乘之家是。

除 平

音儲。去其本有曰除。開除。庭除。

直魚切。門屏之間也。又去其舊之謂也。凡除官除夕除慝皆宗此義。算學度數之倍曰除。設如一數二十四，一數為三，以三度二十四，則得數為八。此即除法也。

偶 上

音耦。可平分為二者曰偶。佳偶。偶爾。

語口切。偶也。故曰木偶土偶。本作耦。並耕也。凡配偶偶坐偶語皆引之。又物之離合無常，故又轉而為偶有偶然。算學偶雙數也。偶與偶并，仍為偶；奇與奇并，并之之數偶，則總數亦偶。

奇 平

音琦。耳目所未經者曰奇。奇怪。希奇。音羈。隻而不兩曰奇。奇偶。

渠宜切。異也。凡奇衺奇偉之奇皆訓為異。假借為奇偶之奇，讀居宜切。奇贏奇羨皆宗此義。奇陽數也。萬物生於奇而成於偶。算術以單數為奇，雙數為偶。奇與奇并則為偶，奇與偶并則為奇。由是而奇偶相生不絕矣。

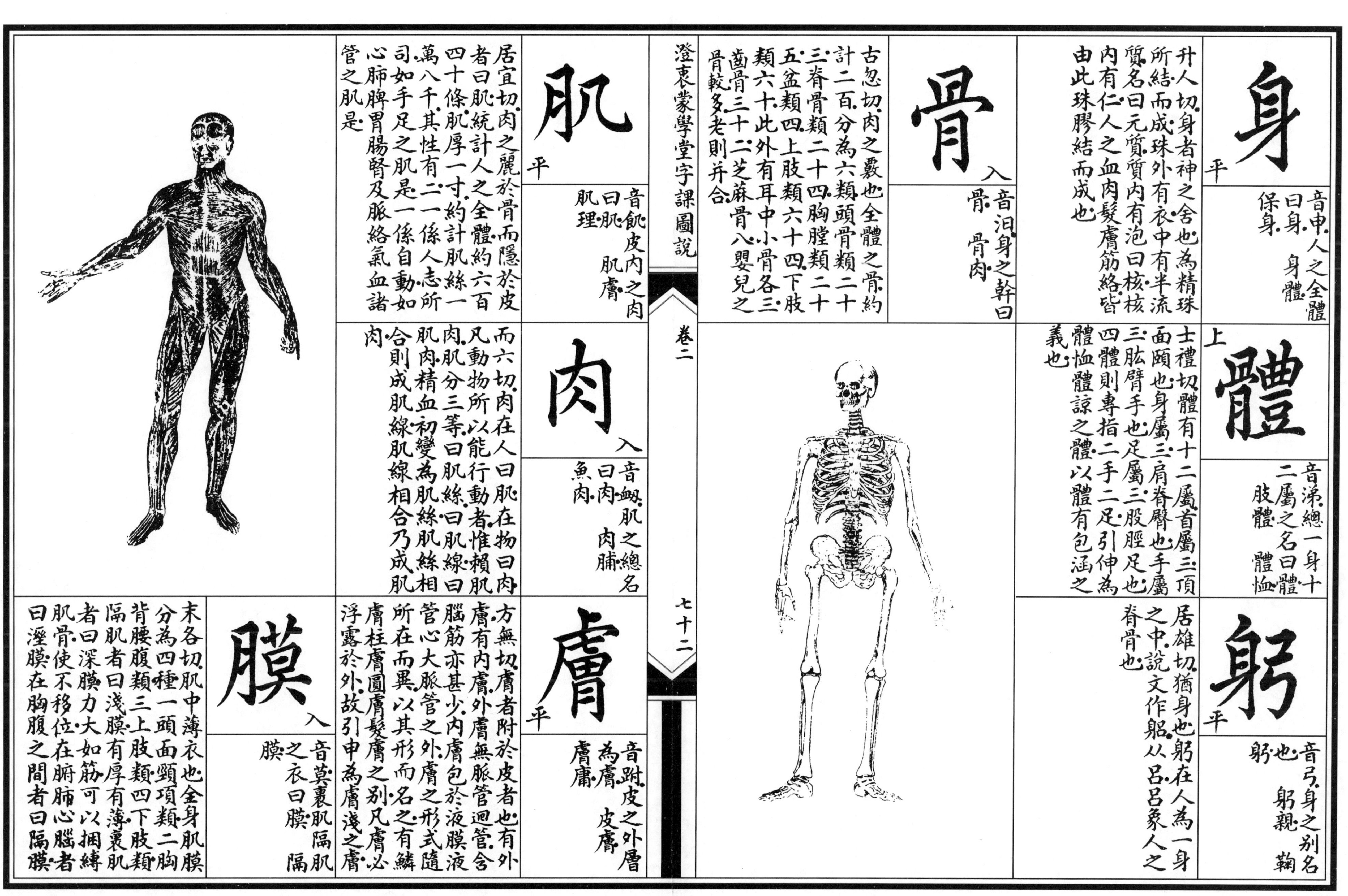

身 平

音申。人之全體曰身。身體。保身。

升人切。身者神之舍也。為精珠所結。而成珠。外有衣。中有半流質。名曰元質。質內有泡曰核。核內有仁。人之血肉髮膚筋絡。皆由此珠膠結而成也。

體 上

音涕。總一身十二屬之名曰體。肢體。體恤。

士禮切。體有十二屬。首屬三。頂。面。頤也。身屬三。肩。脊。臀也。手屬三。肱。臂。手也。足屬三。股。脛。足也。四體則專指二手二足。引伸為體恤。體諒之體。以體有包涵之義也。

躬 平

音弓。身之別名也。躬親。鞠躬。

居雄切。猶身也。躬在人為一身之中。說文作躳。从呂。呂象人之脊骨也。

骨 入

音汩。身之幹曰骨。骨肉。

古忽切。肉之覈也。全體之骨。約計二百。分為六類。頭骨類二十三。脊骨類二十四。胸膛類二十五。盆類四。上肢類六十四。下肢類六十。此外有耳中小骨各三。齒骨三十二。芝蔴骨八。嬰兒之骨較多。老則并合。

肌 平

音飢。皮內之肉曰肌。肌膚。肌理。

居宜切。肉之麗於骨而隱於皮者曰肌。統計人之全體。約六百四十條。肌厚一寸。約計肌絲一萬八千。其性有二。一係人志所司。如手足之肌是。一係自動。如心肺脾胃腸腎及脈絡氣血諸管之肌是。

肉 入

音衄。肌之總名曰肉。肉脯。魚肉。

而六切。肉在人曰肌。在物曰肉。凡動物所以能行動者。惟賴肌肉。肌分三等。曰肌絲。曰肌線。曰肌肉。精血初變為肌絲。肌絲相合則成肌線。肌線相合乃成肌肉。

膚 平

音趺。皮之外層為膚。皮膚。膚庸。

方無切。膚者附於皮者也。有外膚。有內膚。外膚無脈管迴管。含腦筋亦甚少。內膚包於液膜液管心大脈管之外。膚之形式隨所在而異。以其形而名之。有鱗膚。柱膚。圓膚。髮膚之別。凡膚必浮露於外。故引申為膚淺之膚。

膜 入

音莫。裹肌隔肌之衣曰膜。隔膜。

末各切。肌中薄衣也。全身肌膜分為四種。一頭面頸項類。二胸背腰腹類。三上肢類。四下肢類。隔肌者曰淺膜。有厚有薄。裹肌者曰深膜。力大如筋。可以捆縛肌骨。使不移位。在腑肺心腦者曰溼膜。在胸腹之間者曰隔膜。

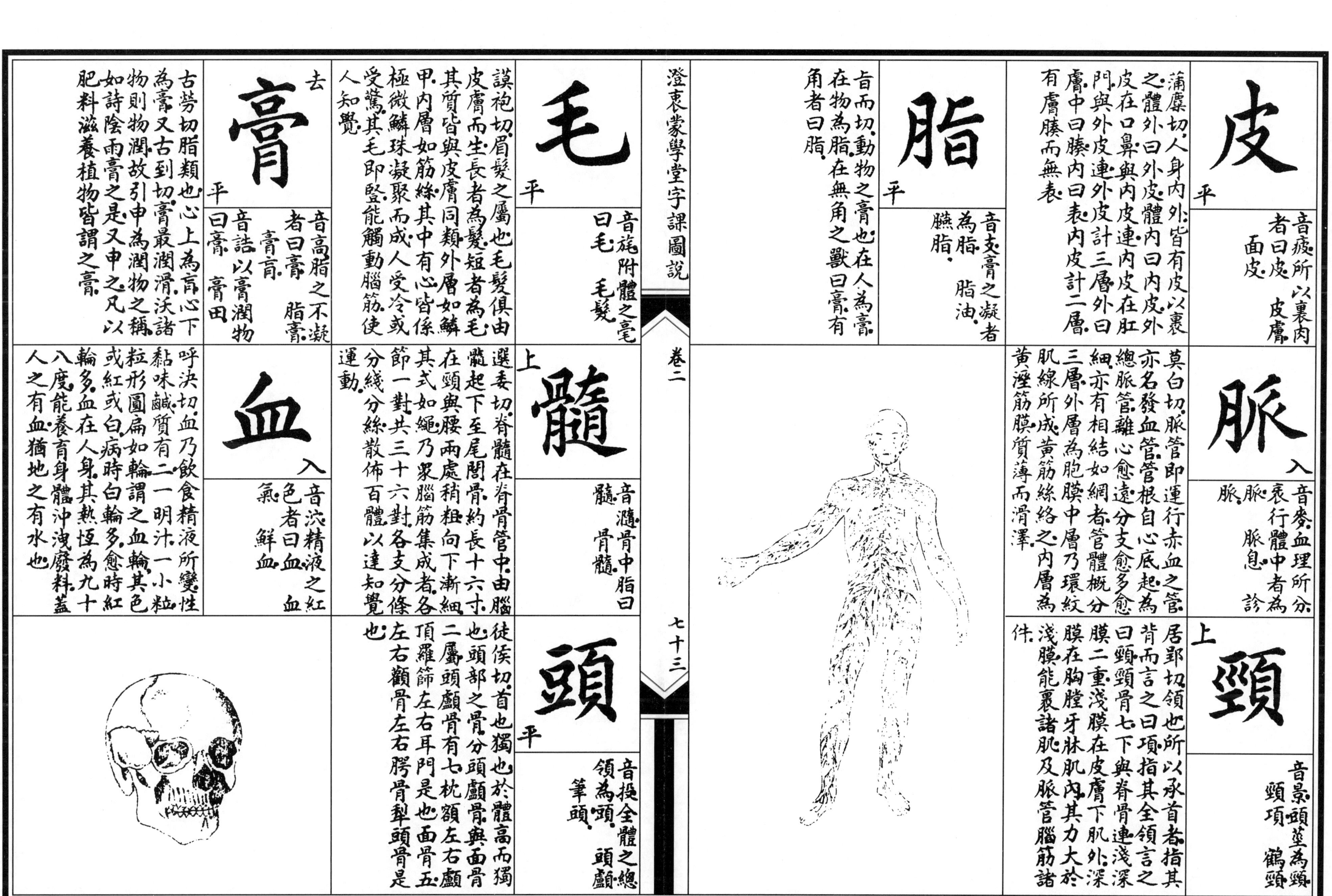

皮 平

音疲 所以裹肉者曰皮 皮膚 面皮

蒲麋切 人身內外皆有皮以裹之 體外曰外皮 體內曰內皮 外皮在口鼻與內皮連 內皮在肛門與外皮連 外皮計三層 外曰膚 中曰膝 內曰表 內皮計二層 有膚膝而無表

脂 平

音支 膏之凝者為脂 脂油 臙脂

旨而切 動物之膏也 在人為膏 在物為脂 在無角之獸曰膏 有角者曰脂

脈 入

音麥 血理所分衺行體中者為脈 脈息 診脈

莫白切 脈管即運行赤血之管 亦名發血管 管根自心底起 為總脈管 離心愈遠 分支愈多愈細 亦有相結如網者 管體概分三層 外層為胞膜 中層乃環紋肌線所成 黃筋絲絡之 內層為黃溼筋膜 質薄而滑澤

頸 上

音景 頭莖為頸 頸項 鶴頸

居郢切 領也 所以承首者 指其背而言之曰項 指其全領言之曰頸 頸骨七 下與脊骨連 淺深膜二重 淺膜在皮膚下肌外 深膜在胸膛牙牀肌內 其力大於淺膜 能裹諸肌及脈管腦筋諸件

毛 平

音旄 附體之毫曰毛 毛髮

謨袍切 眉髮之屬也 毛髮俱由皮膚而生 長者為髮 短者為毛 其質皆與皮膚同類 外層如鱗甲 內層如筋絲 其中有心 皆係極微鱗珠凝聚而成 人受冷或受驚 其毛即豎 能觸動腦筋 使人知覺

膏 平 去

音高 脂之不凝者曰膏 脂膏 膏肓

音誥 以膏潤物曰膏 膏田

古勞切 脂類也 心上為肓 心下為膏 又古到切 膏最潤滑 沃諸物則物潤 故引申為潤物之稱 如詩陰雨膏之是 又申之 凡以肥料滋養植物皆謂之膏

髓 上

音瀡 骨中脂曰髓 骨髓

選委切 脊髓在脊骨管中 由腦髓起 下至尾閭骨 約長十六寸 在頸與腰兩處稍粗 向下漸細 其式如繩 乃衆腦筋集成者 各節一對 共三十六對 各支分條分綫 分絲散佈百體 以達知覺運動

血 入

音泬 精液之紅色者曰血 血氣 鮮血

呼決切 血乃飲食精液所變 性黏味鹹 質有二 一明汁 一小粒 粒形圓扁如輪 謂之血輪 其色或紅或白 病時白輪多 愈時紅輪多 血在人身 其熱恆為九十八度 能養育身體 沖洩廢料 蓋人之有血 猶地之有水也

頭 平

音投 全體之總領為頭 頭顱 筆頭

徒侯切 首也 獨也 於體高而獨也 頭部之骨 分頭顱骨與面骨二屬 頭顱骨有七 枕額左右顱頂羅篩左右耳門是也 面骨五 左右顴骨左右腭骨犁頭骨是也

首　上

音手。頭之別名也。首飾　元首。

始九切。頭也。下象頭形。其巛上髮也。首居百體之上。故引申為首列之首。

項　上

杭上聲。頸之背為項。肩項　項款。

胡講切。頭後堅确受枕處。

額　入

音客。自顱至鼻為額。額角。額限。

鄂格切。鼻莖也。額骨下與鼻骨相連。上接顱骨。故名鼻莖。初生之兒。此骨中分為二。長則漸漸并合。附骨之肌。即曰額肌。上由筋膜起。下與鼻稜錐肌及眼肌相連。其肌縷皆直。引申之。凡定數皆曰額。猶古所謂頭會也。

領　上

音嶺。衣之附頸處曰領。首領　領事。

里郢切。頸項之總名也。引申之。附頸之衣亦曰領。挈衣者必提其領。猶舉網者必提其綱。故又申為綱領領隊之領。

腦　上

音惱。司知覺之體曰腦。頭腦　腦髓。

乃老切。頭髓也。人物之精神思慮。皆出於腦。腦多則靈。少則蠢。由腦分達全體者。謂之腦氣筋。腦司知覺。腦氣筋則司運動也。其分散於臟腑脈管迴血管等處。以主其漲縮鬆緊遲速。而人不知覺者。謂之自和腦筋。

頰　入

音莢。面旁曰頰。兩頰　批頰。

古協切。頰取義於挾。所以斂食物也。頤曰輔。曰頰。頤內之牙牀骨曰頰車。

頤　平

音移。面頰也。朵頤　頤養。

延知切。頤也。車輔之名也。或曰輔車。或曰牙車。或曰頰車。或曰䶗車。凡繫於車。皆取在下載上物也。　又養也。易山雷頤䷚

筋　平

音斤。維繫骨肉者為筋。筋骨　麪筋。

居銀切。能自縮者為肌。不能自縮者為筋。其最要者曰腦筋。人之知覺運動。皆由此發也。由頭顱出者曰頭顱腦筋。計十二對。由腦根出者曰脊腦筋。計三十一對。凡至臟腑及脈管迴管圍者。總名之曰自和腦筋。

辮 去

音辮。編髮曰辮。 辮線 竹辮。

薄泫切。交織也。織繩曰辮。織髮亦曰辮。

鬟 平

音環。環髮曰鬟。 丫鬟 鬟髻。

胡關切。屈髮為結曰髻。屈髮為環曰鬟。

耳 上

音洱。竅之主聽者為耳。 耳朵 側耳。

忍止切。司聽之官也。耳以脆骨為膜。與耳門堅骨合成一筒。所以接聲氣傳入內竅也。 又語助辭。猶言而已也。耳即而已之合音。

目 入

音牧。眼之異名。 明目 目錄。

莫六切。古文橫書。外象匡。中象瞳子。篆文始縱書之。以便於偏旁。網之大繩為綱。其細絲之間曰目。亦以形似人目也。引申為條目之目。

眼 上

顏上聲。竅之主視者為眼。 眼孔 青眼。

五限切。主視之官也。眼分二類。一為眼球。一為護眼球者。如睫毛眼窩眼胞之類。眼球為視官之主。前有睛衣。內有眼水。外復有白衣明衣黑衣眼簾諸件。當明衣後睛珠前。中有圓孔一。即瞳子也。

瞳 平

音同。目中攝影之處曰瞳。 瞳人 重瞳。

徒東切。睛球前明衣後有一圓孔。人視物時光綫透入其閒聚成虛像。形若小童。故謂之瞳子。瞳子之大小。關乎眼簾之舒縮。光小則舒。光大則縮。瞳與簾實互相為用也。

睛 平

音精。眼中通明之珠也。 眼睛

咨盈切。睛珠在瞳子後大房水前。中堅而外輭。當幼年時。此珠如球。漸老漸扁。而色亦漸黃。故年老則目力漸減。

眉 平

音縻。目上毛曰眉。 眉目

旻悲切。𠂆象眉形。仌象額理。在目之上。額之下。是眉也。其功用可以蔽塵而護目。

眸 平

音謀。瞳子之異名也。 眸子 雙眸。

莫浮切。

口 上

音寇。人所以言食者曰口。 口舌 利口。

苦厚切。象上下脣之形。口之所屬為嘴腮舌牙津核。嘴之用能開合。能收食。腮之用能容食。能逼氣。舌之用能言語。能分辨五味。能轉動食物。而牙齒與津核。尤為養生要具。津核生津之具也。

鼻

去

音紬。出入氣者為鼻。鼻頭。

毗意切。主臭之官也。鼻梁骨在面正中。乃左右二小骨合成。形各長方。上窄而厚。與額相連。下寬而薄。與鼻脆骨相連。人初生鼻先出。故鼻訓始。如鼻祖之鼻是。

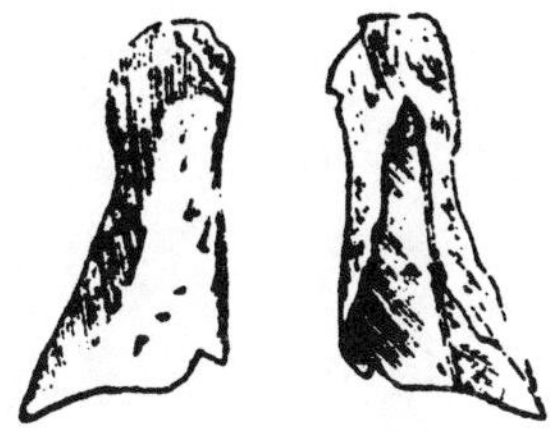

脣

平

音漘。所以護齒者為脣。嘴脣。脣舌。

殊倫切。脣者齒之垣也。

牙

平

音芽。壯齒為牙。牙齒。象牙。

牛加切。牙分乳牙實牙兩種。未齔之牙曰乳牙。共二十枚。齔後復生者曰實牙。共三十二枚。年壯始全。實牙又分門牙貳牙顛牙大牙四種。

齒

上

音紕。牙之短者曰齒。齒牙。敘齒。

𠚕昌止切。仌象齒形。凵張口也。口張齒乃見。一則上下齒閒之虛縫也。从止聲。男以八月而生齒。八歲而齔齒。女以七月而生齒。七歲而齔齒。閱其齒即知其年。故引申為年齒之齒。

臟

去

臟

音藏。心肝脾肺腎謂之五臟。臟腑。

才浪切。藏也。周禮疾醫參九藏之動。注正藏五。心肝脾肺腎也。附藏四。胃膀胱大小腸也。

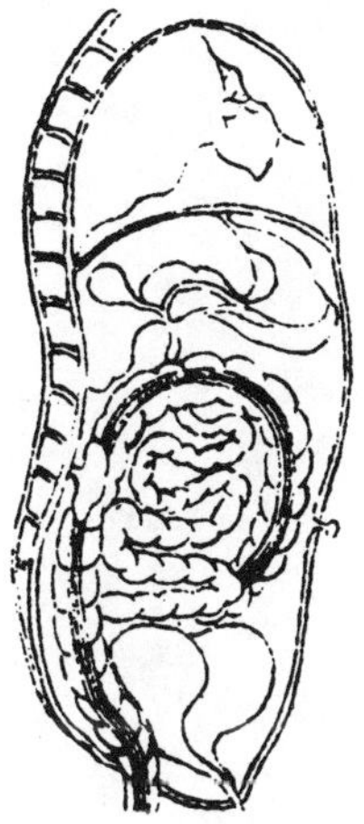

膺

平

音應。胸之別名。服膺。

於陵切。胷也。膺與胷為轉注字。又乳上骨也。任事以肩。當事以膺。故引申為膺受膺任之膺。

喉

平

音侯。所以咽食呼吸者曰喉。咽喉。

胡鉤切。咽也。胃之上口曰食管。肺之上管曰氣管。皆主納水穀與氣之上下。

舌

入

然入聲。所以辨味者為舌。口舌。舌辯。

食烈切。主味之官也。在口中。其根與舌骨會厭接。舌面有微刺凸出。其大者約八九粒。近於舌根。排列若八字形。餘皆小刺。在前半者尤細。刺有脈迴管腦筋等。更有小涎核以潤之。皮內之肌。即謂之舌肌。

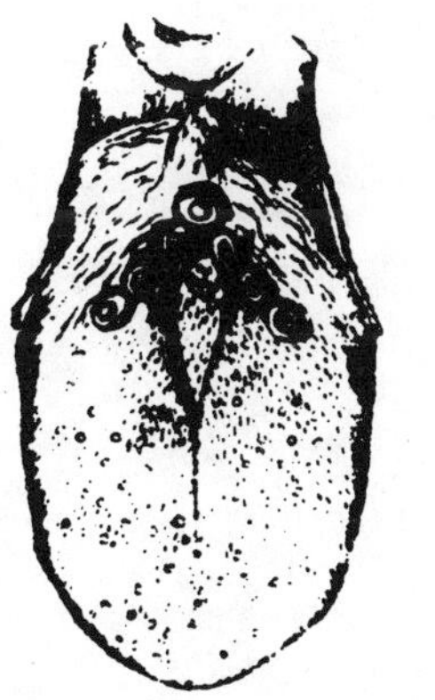

背 去

音輩。倍腹為背。　背脊。　靠背。　音旆。反正為背。　背叛。

邦昧切。脊也。背為陽。腹為陰。脊柱骨第八節起至十九節。謂之背。背骨第四塊至第十二塊。以次而大。左右盡處有半環窩。曰脅窩。所以銜脅骨之端也。背與腹倍。故引申為反背之背。讀步昧切。

腹 入

音福。臍之上下兩旁曰腹。　心腹。　腹背。

方六切。腹複也。複於腸胃之外。以裹盛之也。其肌有六。曰淺斜肌。深斜肌。腹橫肌。腹直肌。稜錐肌。腰方肌。

脊 入

音積。背心之骨為脊。　骨脊。　屋脊。

資悉切。脊為諸骨之幹。上承頭骨。中旁接脅骨。下連鉤骨。有小骨二十四。豎接若柱。故名脊柱。中通有管。所以藏髓也。脊為背之正中處。故引申為脊梁之脊。

腰 平

音要。胯之上脅之下也。　束腰。　腰帶。

伊堯切。身中也。腰為人之大關節。所以司屈伸。其骨有五。較頸背諸骨為堅。

臀 平

音屯。坐几處曰臀。　坐臀。　臀尖。

徒渾切。髀也。从殿从肉。殿猶尾也。故肉近尾閭曰臀。

胸 平

音凶。護心之郭曰胸。　心胸。　胸膛。

虛容切。膺也。胸膛乃數骨合成。形如竹籠。上窄下寬。前為胸骨。後為背骨。兩旁為脇骨。連於左右。所以藏護心肺食管與血脈總管也。

心 平

音辛。身之主也。　心思。　用心。

息林切。中象心形。外兼包絡。心在人身之中。肺之下。膈膜之上。著脊之第五節。心囊下尖上闊。色赤而鮮。分為四房。右房司入肺之血。左房司周身流行之血。而上下房之間。則有肉以橫隔之。

肺 去

音沛。藏心之府也。　肺腸。　肺石。

方廢切。呼吸之臟也。上部高於第一脅骨。下部緊靠膈膜。肺分左右。心在其間。左有二葉。右有三葉。計重約四十二兩。男重於女。右重於左。少年者色縞紅。中年色灰。漸老漸黑。具氣管。有縮力。能浮於水。

肝 平

音干。所以儲血輔膽者為肝。心肝。肝氣。

古寒切。肝為液核中之最大者。在右脅下。色紫。上覆下盂。分五葉五裂。五面五管。其功用能生膽汁。改變血質。上部重約三四斤。病時或大至二十餘斤。小至一二斤不定。

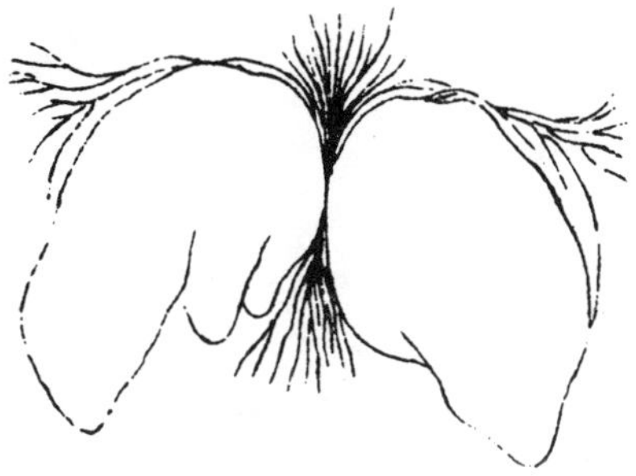

腎 上

音裉。生溺之府曰腎。心腎。腎水。

是忍切。溺臟也。腎在腹後。深藏於脂。左右各一。與十二背骨一二三腰骨齊。約長四寸。闊二寸半。厚寸餘。重約四兩。人腎之式色同豬羊腎。含血甚多。腎外有衣。內有穴。穴中有脈迴溺諸管。腎之內質有腎鑽。外質有腎丸。

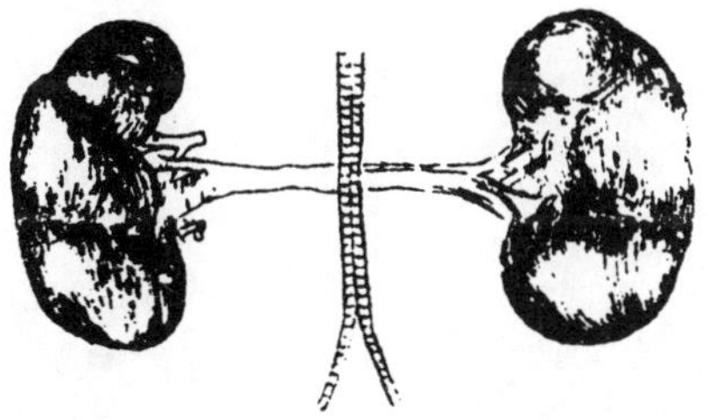

脾 平

音陴。土臟也。在胃下。健脾。脾胃。

補靡切。脾者胃之主。裨助胃氣主化穀者也。脾在右脅下。形似腰子。向外圓而凸。向內稍凹。中有一窩。外裹胞膜。膜內有能伸縮之筋。窩中實以鬆軟之肉。色深紫。有一大脈管與總管相接。能通血脈。

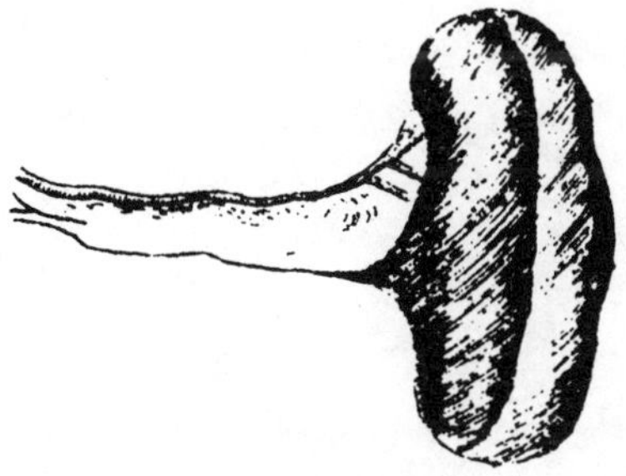

胃 去

音謂。受食物之府曰胃。脾胃。胃口。

于畏切。穀府也。从肉𡇒象形。橫居鬲下之左。形長方似袋。頭向左。有門接食管。尾向右。有門通小腸。容物三升。外層為胞膜。包裹胃經。使不移動。中層為動肌。能運轉食物。內層為涎膜。能生津液。

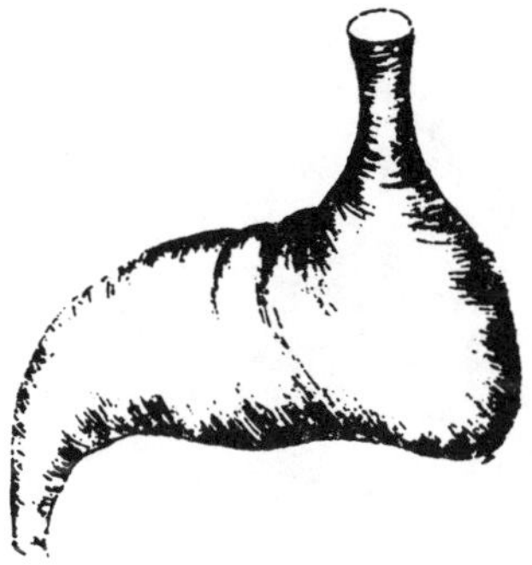

膽 上

音黵。中清之府曰膽。膽氣。大膽。

覩敢切。連肝之府也。形如瓶。長三寸。在肝之短葉間。膽囊頭向外。尾向內。尾尖有膽管。下與肝管合一。通入小腸。上迴左邊。囊內約存膽汁一兩。能助小腸消化食物。

腸 平

音長。所以通滓穢者為腸。大腸。小腸。

直良切。腸分大小二段。自幽門起至闌門者謂之小腸。長約二丈。自闌門起至肛門者謂之大腸。長約五尺。迴縈互繞於小腹之內。所以出食物之渣滓。而吸取其精液者也。

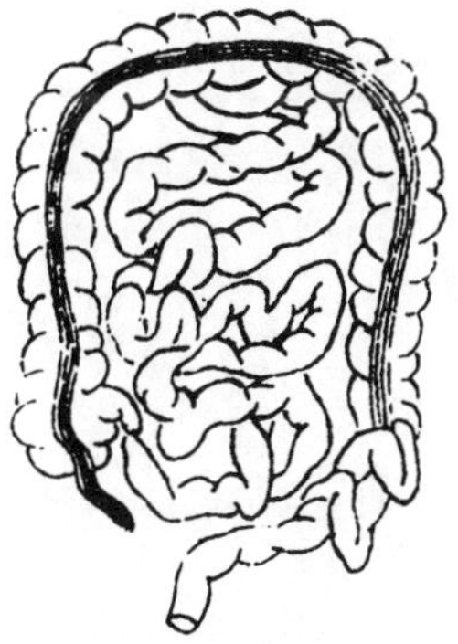

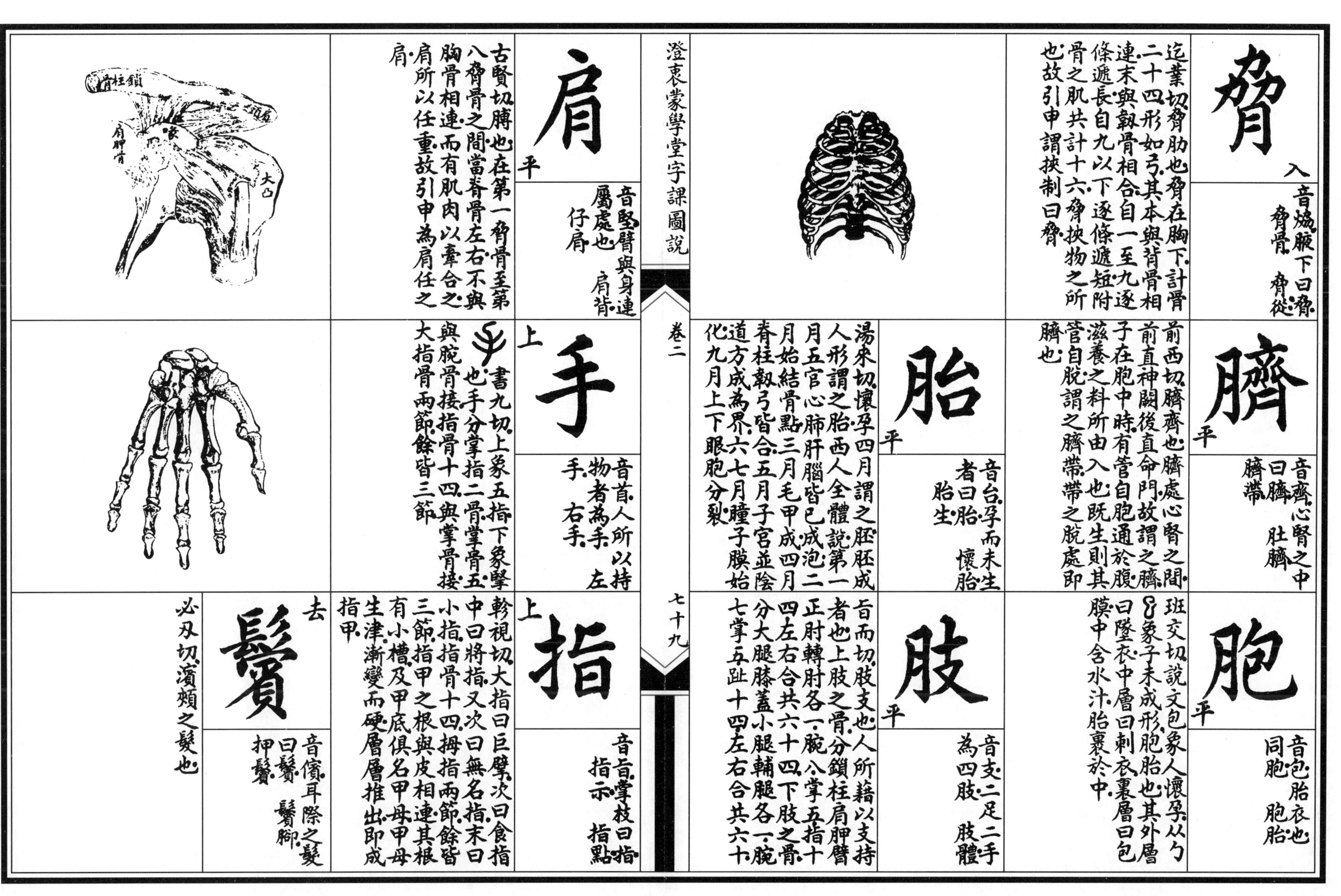

脅 入

音熁。腋下曰脅。脅從。脅骨。

迄葉切。脅，肋也。脅在胸下。計骨二十四。形如弓。其本與背骨相連。末與㲉骨相合。自一至九。逐條遞長。自九以下。逐條遞短。附骨之肌。共計十六。脅挾物之所也。故引申謂挾制曰脅。

臍 平

音齊。心腎之中曰臍。肚臍。臍帶。

前西切。臍，齊也。臍處心腎之間。前直神闕。後直命門。故謂之臍。子在胞中時。有管自胞通於腹。滋養之料所由入也。既生則其管自脫。謂之臍帶。帶之脫處即臍也。

胞 平

音包。胎衣也。同胞。胞胎。

班交切。說文。包。象人懷孕。从勹。𠃓象子未成形。胞。胎也。其外層曰墜衣。中層曰刺衣。裏層曰包膜。中含水汁。胎裹於中。

胎 平

音台。孕而未生者曰胎。懷胎。胎生。

湯來切。懷孕四月謂之胚。胚成人形。謂之胎。西人全體說。第一月五官心肺肝腦皆已成泡。二月始結骨點。三月毛甲成。四月脊柱㲉弓皆合。五月子宮並陰道方成為界。六七月瞳子膜始化。九月上下眼胞分裂。

肢 平

音支。二足二手為四肢。肢體。

旨而切。肢，支也。人所藉以支持者也。上肢之骨。分鎖柱肩胛臂正肘轉肘各一。腕八。掌五。指十四。左右合共六十四。下肢之骨。分大腿膝蓋小腿輔腿各一。腕七。掌五。趾十四。左右合共六十。

肩 平

音堅。臂與身連屬處也。肩背。仔肩。

古賢切。膊也。在第一脅骨至第八脅骨之間。當脊骨左右。不與胸骨相連。而有肌肉以牽合之。肩所以任重。故引申為肩任之肩。

手 上

音首。人所以持物者為手。左手。右手。

𠂇書九切。上象五指。下象腕骨擊也。手分掌指二骨。掌骨五與腕骨接。指骨十四。與掌骨接。大指骨兩節。餘皆三節。

指 上

音旨。掌枝曰指。指示。指點。

軫視切。大指曰巨擘。次曰食指。中曰將指。又次曰無名指。末曰小指。指骨十四。拇指兩節。餘皆三節。指甲之根與皮相連。其根有小槽。及甲底俱名甲母。甲母生津。漸變而硬。層層推出。即成指甲。

鬢 去

音儐。耳際之髮曰鬢。鬢腳。押鬢。

必刃切。濱頰之髮也。

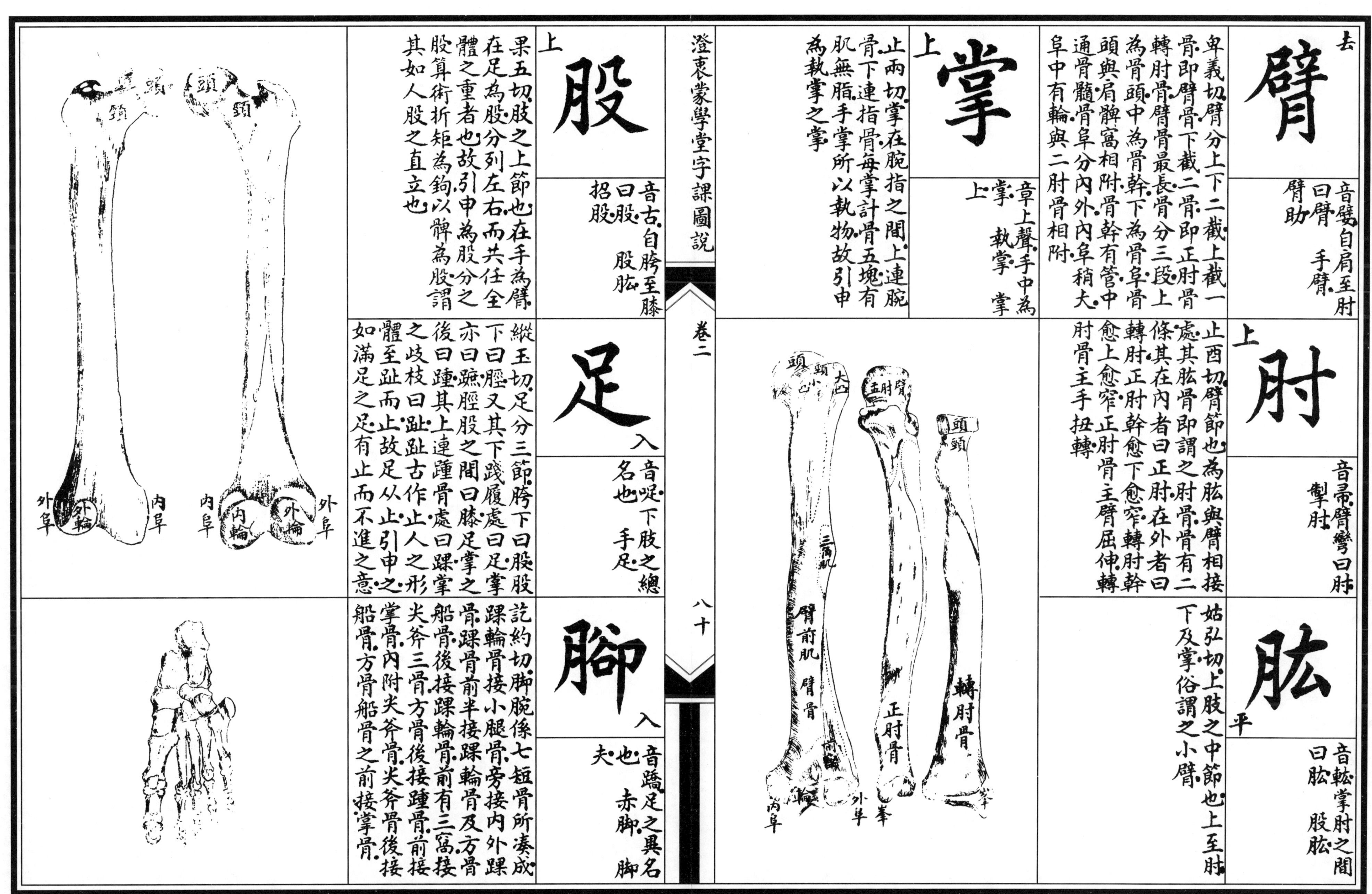

臂 去

音璧。自肩至肘曰臂。 手臂。 臂助

卑義切。臂分上下二截。上截一骨，即臂骨。下截二骨，即正肘骨、轉肘骨。臂骨最長，骨分三段。上為骨頭，中為骨幹，下為骨阜。骨頭與肩髀窩相附。骨幹有管，中通骨髓。骨阜分內外，內阜稍大。阜中有輪，與二肘骨相附。

肘 上

音帚。臂彎曰肘。 掣肘。

止酉切。臂節也。為肱與臂相接處。其肱骨即謂之肘骨。骨有二條，其在內者曰正肘，在外者曰轉肘。正肘幹愈下愈窄，轉肘幹愈上愈窄。正肘骨主臂屈伸，轉肘骨主手扭轉。

肱 平

音觥。掌肘之間曰肱。 股肱

姑弘切。上肢之中節也。上至肘，下及掌，俗謂之小臂。

掌 上

章上聲。手中為掌。 執掌。 掌上

止兩切。掌在腕指之間，上連腕骨，下連指骨。每掌計骨五塊，有肌無脂。手掌所以執物，故引申為執掌之掌。

股 上

音古。自胯至膝曰股。 股肱。 招股。

果五切。肢之上節也。在手為臂，在足為股。分列左右，而共任全體之重者也。故引申為股分之股。算術折矩為鉤，以髀為股。謂其如人股之直立也。

足 入

音哫。下肢之總名也。 手足。

縱玉切。足分三節。胯下曰股，股下曰脛。又其下踐履處曰足。足掌亦曰蹠。脛股之間曰膝。足掌之後曰踵。其上連踵骨處曰踝。掌之歧枝曰趾。趾古作止。人之形體至趾而止，故足从止。引申之，如滿足之足，有止而不進之意。

脚 入

音蹻。足之異名也。 赤脚。 脚夫。

訖約切。脚腕係七短骨所湊成。踝輪骨接小腿骨，旁接內外踝骨。踝骨前半接踝輪骨及方骨。船骨後接踝輪骨，前有三窩接尖斧三骨。方骨後接踵骨，前接掌骨。內附尖斧骨。尖斧骨後接船骨。方骨船骨之前接掌骨。

骽 腿 上

退上聲。脛股之總名也。大腿。火腿。

吐猥切。自胯至膝為大腿。各具長骨一。中圓如柱。上與無名骨臼接。下與小腿接。自膝至足踝為小腿。各具小腿骨一。輔腿骨一。小腿骨上端與大腿骨接。下與踝輪骨接。輔腿骨上端與小腿骨接。下與踝輪骨接。

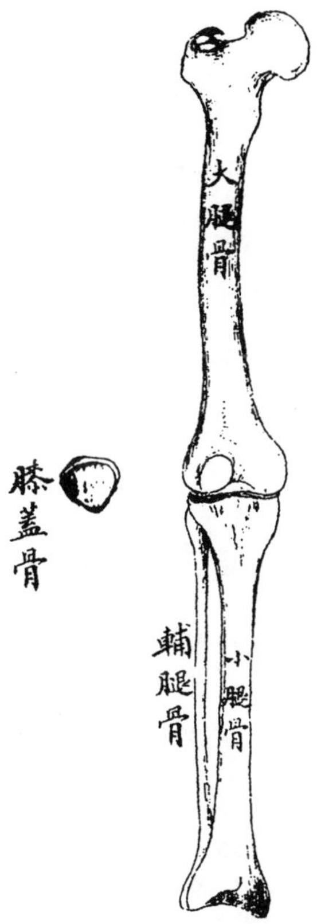

膝 入

音悉。腿之屈處為膝。膝蓋。屈膝。

息七切。股脛相接屈伸處也。其蓋膝之骨即名膝骨。上闊下尖。左右有磁骨斜出。與大腿骨相連。兒初生時無此骨。故不能行。至孩提時則已長成矣。

腕 去

音惋。手足宛屈處曰腕。腕力。

烏貫切。手足掔也。手腕在轉肘與手掌之間。為八骨連合而成。八骨者。即船骨半月骨尖斧骨豆骨長方骨斜方骨大骨手鉤骨是也。足腕在輔腿與足掌之間。為踵骨踝輪骨方骨船骨。及內中外尖斧骨所合而成也。

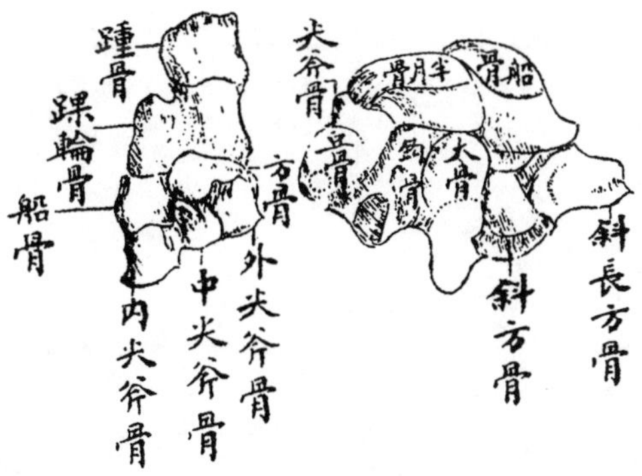

拳 平

音權。卷手曰拳。拳頭。

巨員切。手也。舒之為手。卷之為拳。

腑 上

音甫。大腸小腸胃膀胱三焦膽謂之六腑。肺腑。

斐古切。腑者九臟之宮府也。本作府。

爪 上

音抓。指甲曰爪。手爪。爪牙。

側絞切。爪膚甲也。生於指端。其質與膚同類。而堅實過之。其形外覆。內盂在膚內者為根。其末為體。生之不已。計八个月能長一寸。有病則減。年愈老則爪愈厚。

踵 上

音腫。足後跟也。踵謝。頂踵。

主勇切。古文作歱。經傳皆以踵為之。踵骨在踝輪骨之上。小腿輔腿骨之下。

趾 上

音止。足指也。舉趾。

諸氏切。在手曰指。在足曰趾。趾骨十四。式與指同。除大趾兩節外。餘皆三節。

乳 上

音孺。胎生曰乳。人乳。牛乳。

蘂主切。湩謂之乳。以乳哺之亦曰乳。乳為哺子之汁。血所變者也。其出乳之核即為乳核。在胷左右。

竅 去

音撽。孔之總名也。七竅。

詰弔切。凡孔之屬於生物者曰竅。生物之胎生者九竅。口一目二耳二鼻二肛門一溺門一是也。卵生者八竅。因其無溺門也。引申之。凡萬物之孔皆曰竅。

汗 去

音翰。汁由膚出也。汗衫。

侯旰切。身液也。人身之汗。係體內所積之淤穢。若壅而不洩。則能令血發熱。故患感冒者必疏之使汗。然病體虛者。淤穢既盡而精液隨之。故久病之人。又患汗之過多。

液 入

音繹。滋養百體之精汁曰液。津液。太液池。

夷益切。精之滲於空竅行而不留者為精。留而不行者為液。引申為膏液滋液之液。

髮 入

音發。頭上毛也。頭髮。結髮。

方伐切。毛之生於首者曰髮。髮生於腠。有根幹。根端有囊。色白而軟。中有油核。上生髮一二幹。幹分內外二層。外如鱗甲。內如筋絲。

須 平 鬚

音需。面毛曰須。鬍鬚。鬚眉。

詢趨切。頤下之毛也。俗作鬚。假借為須需也。如相須必須之類是。

髯 平

冉平聲。頰毛曰髯。鬍髯。髯翁。

而占切。在頤曰鬚。在頰曰髯。

顏 平

眼平聲。首之正面曰顏。天顏。顏色。

牛姦切。容也。本以容色為顏。引伸之。凡綵色皆曰顏。

貌 去

音皃。形容曰貌。禮貌。相貌。

莫教切。面之神氣曰容。面之形狀曰貌。引申之。凡物之形狀皆曰貌。又申之。則為形容事物之詞。如悄悄憂貌。怫然怒貌之類是。

顰 平

音頻。蹙額曰顰。效顰。顰笑。

毗賓切。心有所鬱結而眉目為之不舒。謂之顰。顰者揚眉之對也。

魂 平

音渾。隨神往來者謂之魂。魂靈。孤魂。

戶昆切。附形之靈也。

魄 入

音拍。人之軀殼曰魄。魂魄。魄力。

普伯切。魄。體也。魂離體則體為魄。月之暗處亦謂之魄。以其有體而無光。如軀殼之有體而無魂也。

齡 平

音靈。年壽之異名。髫齡。遐齡。

郎丁切。義同年齒之齒。故從齒。令聲。

疾 入

音嫉。病急曰疾。疾病。

乍悉切。从疒从矢。言病如矢來之疾也。故引申為迅疾之疾。疾為人所共惡。故又申為疾惡之疾。

病 去

音寎。疾甚曰病。毛病。病勢。

皮命切。疾加也。引申之凡患之難之惡之皆曰病。言病之難堪而可患也。

恙 去

音漾。俗語所謂勿適意也。微恙。無恙。

弋亮切。噬人蟲也。古者草居多被其毒。故相問勞曰無恙。引申之為今患病之稱。

痛 去

音𥦬。身心所苦曰痛。酸痛。腹痛。

他貢切。痛。疼也。从疒从甬。甬。通也。故人氣血不通則痛。痛。病之劇者。故引申為痛哭痛飲之痛。

瘧 入

音虐。寒熱休作謂之瘧。瘧疾。温瘧。

逆約切。陰陽更勝之疾曰瘧。瘧者。風寒之氣客於臟腑而為患。發則先寒而後熱。或一日一發。或二三日一發。是謂瘧疾。若夏伏而秋發。冬伏而春發。則為温瘧。温瘧止熱不寒。與瘧疾異。

痢 去

音利。數矢而不暢曰痢。痢疾。

力至切。脾不運食則痢。故人積滯不化則屢矢而不暢也。

疫 入

音役。病之易於傳染者曰疫。疫氣。疫癘。

越逼切。民皆疾也。民受五氣以生。風雨晦明不時。觸之即為疫。其傳染尤速。故疫訓役。若或有役使者然。

瘴 去

音障。山川厲氣也。瘴氣。

之亮切。瘴。癘也。叢林多濕之地。陽光所不能入。則地中濕氣與生植物之朽爛者。蒸鬱成瘴。其臭香者謂之香瘴。觸之即斃。今閩粵多有之。

腫 上

音種。肉暴脹曰腫。腫脹。

主勇切。肉突起也。凡氣血淤鬱久則攻皮而出。故外癰必腫也。

療 去

音料。治病曰療。

力弔切。治也。周禮凡療瘍以五毒攻之。謂備五毒以療治之也。引申為療飢之療。

痊 平

音詮。病已除也。痊可。已痊。

逡緣切。瘳也。从疒从全。謂病已全除也。

死 上

斯上聲。生之對也。死人。人死。

想姊切。死。澌也。若冰釋澌然盡也。人之生死。精氣神三者為之。氣聚則生。氣散則死。禮。君子死曰終。小人死曰死。

亡 平

音忘。失其所有曰亡。荒亡。危亡。

武坊切。亡者無有之詞也。故死亡曰亡。逃亡亦曰亡。國之爲人滅者曰滅亡。廢事失時者曰荒亡。假借爲遺亡之亡。

縊 去

音翳。以繩自絞曰縊。縊死。

壹計切。自經也。从糸从益。益隘也。糸隘扼其頸而絕其氣。即今俗謂弔死是也。

崩 平

音繃。山壞也。分崩。

悲朋切。山自上頹曰崩。故天子死曰崩。言如山之崩頹也。

隕 上

音殞。自上墜下曰隕。

羽敏切。落也。如隕石。隕涕之隕是。又沒也。如隕越之隕是。今亦作殞。

薨 平

音轟。諸侯死曰薨。

呼肱切。薨崩之餘聲也。又薨薨。衆多貌。蓋象蟲飛之聲。

殤 平

音商。夭折曰殤。

戶羊切。殤傷也。謂可傷痛也。故人未滿二十而死者皆曰殤。禮十六至十九爲長殤。十二至十五爲中殤。八歲至十一爲下殤。不滿八歲者爲無服之殤。

喪 去 平

桑去聲。亡失曰喪。喪心。音傷。痛所亡曰喪。治喪。

四浪切。失之曰喪。如喪心之喪是。痛所失亦曰喪。讀四郎切。如心喪之喪是。引申爲喪制。奔喪之喪。

棺 平

音官。周尸爲棺。周棺爲槨。桐棺。棺材。

古丸切。藏尸之器也。虞瓦棺。夏堲周。皆以土。不以木。至周始用木。故从木官聲。棺完也。所以藏屍令其完善也。

尸 平

音蓍。神像也。迎尸。死尸。

申之切。主也。古者祭祀必立尸以象神。言祭之所主也。尸安坐而不事事。故引申之爲尸位之尸。又遺骸曰尸。今作屍。

柩 去

音舊。有屍之棺也。靈柩。

巨救切。尸已在棺曰柩。柩久也。所以藏屍令其久不變也。

窆 去

音砭。棺已葬下曰窆。

陂驗切。从穴乏聲。穴棺所藏也。如今俗卜葬其先曰告窆是也。

殯 去

音儐。停柩於堂曰殯。 送殯。 虞殯。

必引切。奉屍斂之曰殯。殯賓也。如禮殯於客位是也。俗謂送葬曰送殯。

殮 去

音斂。藏也。 入殮。 殯殮。

力驗切。斂也。謂收其屍以斂藏之也。今俗以屍斂於棺曰小斂。蓋棺封漆曰大殮。

弔 去

音釣。弔死曰弔。 喪弔。 弔孝。

多嘯切。弔之為言懸也。懸死者也。从弓。上古葬者無棺。衣之以薪。常苦禽獸為害。故弔之者持弓矢會之以助彈射。使死者得所安也。

訃 赴 去

音赴。告凶曰訃。 訃聞。 發訃。

芳遇切。訃本作赴。赴趨也。疾也。疾趨以告凶也。今喪家多有訃聞。

唁 去

音彥。弔生曰唁。 唁喪。

疑戰切。凡人有故。遣使慰問之謂唁。今以為存問喪家之稱。

謚 去

音示。名生於人曰謚。 謚法。

神至切。謚者誄行立號以易名也。殷以上生死同號。周則死後別立號為謚。後世仍之。

誄 上

音壘。哀死而述其行也。 誄祭。

力軌切。累也。累列生時之事而稱之也。古者幼不誄長。賤不誄貴。

誌 去

音志。記事之文曰誌。 誌銘。 碑誌。

職吏切。誌記也。小吏掌邦國之誌。漢書有十志。皆與誌同。今人記其先人之善於墓者曰墓誌。

諱 去

曰卉。誠而不道謂之諱。 忌諱。 犯諱。

許貴切。諱畏也。史記。秦俗多忌諱之禁。謂畏而不敢言也。故今直言不避者曰不諱。又生曰名。死曰諱。謂為人後者宜隱諱其祖父之名。以示敬也。

奠 去

音電。置酒而祭曰奠。 祭奠。 奠茶。

堂練切。置祭也。从酋从丌。奠酋酒也。下其丌也。故引申為薦饋之名。叚借為定。如書奠高山大川之奠是。

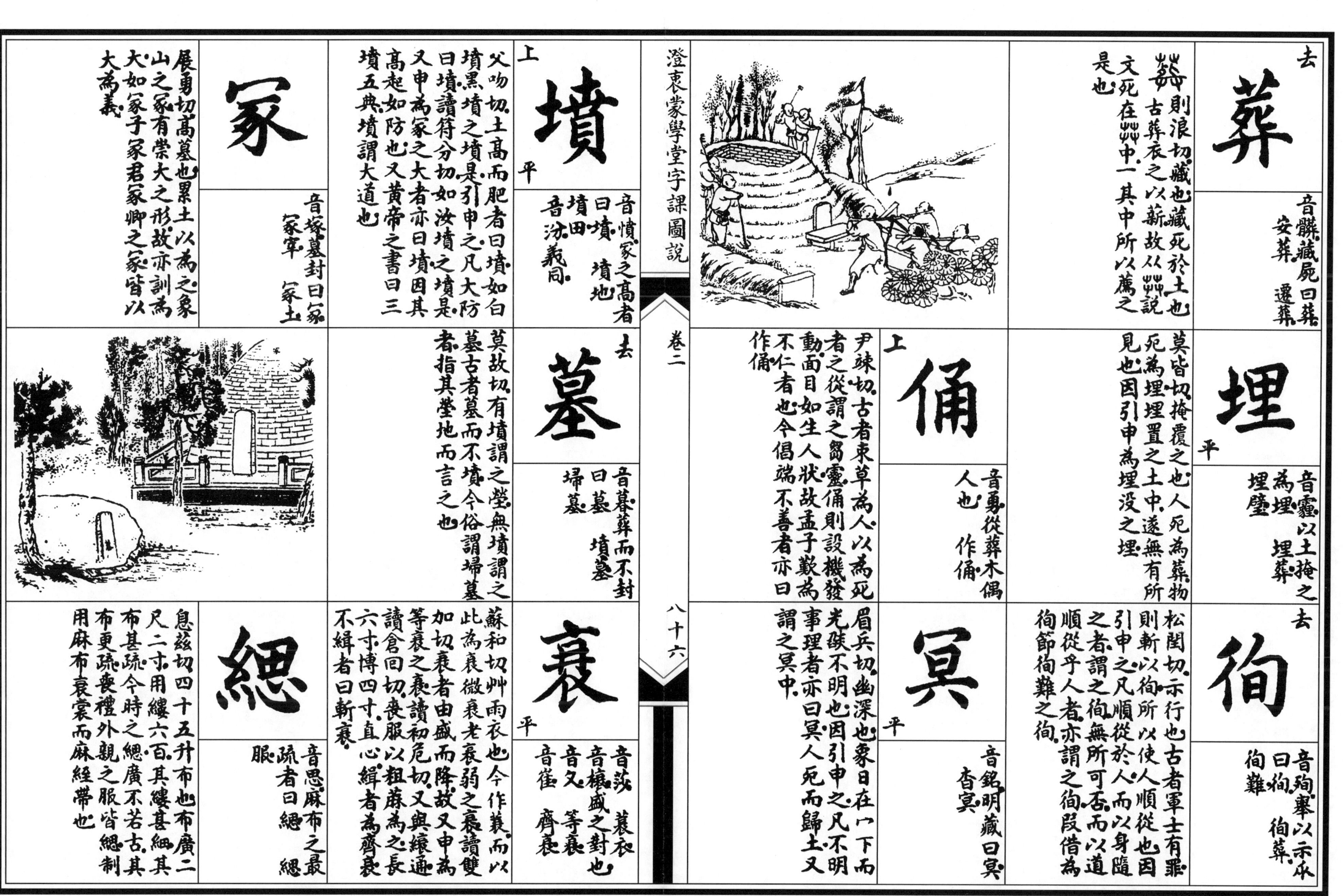

葬 去

音髒 藏屍曰葬 安葬 遷葬

則浪切 藏也 藏死於土也 古葬衣之以薪 故从茻 說文 死在茻中 一其中所以薦之 是也

埋 平

音霾 以土掩之為埋 埋葬 埋壁

莫皆切 掩覆之也 人死為薶 物死為埋 埋置之土中 遂無有所見也 因引申為埋沒之埋

俑 上

音勇 從葬木偶人也 作俑

尹竦切 古者束草為人 以為死者之從 謂之芻靈 俑則設機發動 面目如生人狀 故孟子歎為不仁者也 今倡端不善者亦曰作俑

徇 去

音殉 搴以示眾曰徇 徇葬 徇難

松閏切 示行也 古者軍士有罪 則斬以徇 所以使人順從也 因引申之 凡順從於人 而以身隨之者 謂之徇 無所可否 而以道順從乎人者 亦謂之徇 段借為徇節徇難之徇

冥 平

音銘 明藏曰冥 杳冥

眉兵切 幽深也 象日在冖下而光蔽不明也 因引申之 凡不明事理者亦曰冥 人死而歸土 又謂之冥中

墳 上 平

音憤 冢之高者曰墳 墳地 墳田 音汾 義同

父吻切 土高而肥者曰墳 如白墳黑墳之墳是 引申之 凡大防曰墳 讀符分切 如汝墳之墳是 又申為冢之大者亦曰墳 因其高起如防也 又黃帝之書曰三墳五典 墳謂大道也

冢

音塚 墓封曰冢 冢宰 冢土

展勇切 高墓也 累土以為之 象山之冢 有崇大之形 故亦訓為大 如冢子冢君冢卿之冢 皆以大為義

墓 去

音暮 葬而不封曰墓 墳墓 埽墓

莫故切 有墳謂之塋 無墳謂之墓 古者墓而不墳 今俗謂埽墓者 指其塋地而言之也

衰 平

音莎 蓑衣 音榱 盛之對也 音夊 等衰 音崔 齊衰

蘇和切 艸雨衣也 今作蓑 而以此為衰微衰老衰弱之衰 讀雙加切 衰者由盛而降 故又申為等衰之衰 讀初危切 又與縗通 讀倉回切 喪服以粗蔴為之 長六寸 博四寸 直心 緝者為齊衰 不緝者曰斬衰

緦

音思 麻布之最疏者曰緦 緦服

息茲切 四十五升布也 布廣二尺二寸 用縷六百 其縷甚細 其布甚疏 今時之緦廣不若古 其布更疏 喪禮外親之服皆緦制 用麻布衰裳而麻經帶也

食 去 入

音蝕。飯也。音寺。以飯食人也。

實職切。凡食物之食，與自食其食之食，皆讀入聲。相吏切。凡飯屬之食，與以食食人之食，皆讀去聲。

飯 去 上

音笲。食粟曰飯。一飯。再飯。飯牛。煩去聲。粟食四飯。粥飯。

扶晚切。食之謂飯，讀上聲。所食為飯，讀去聲，扶萬切。黃帝始煮穀為飯。

粥 入

音祝。煮米成糜曰粥。饘粥。粥飯。

之六切。厚者謂之酏，薄者謂之粥。

麪 去

音眄。磨麥成粉為麪。乾麪。麪筋。

莫見切。麪以小麥磨成者為上，大麥蕎麥燕麥珍珠米次之。食品中麪最養生。北地麥麪尤為精美。今西人亦喜食麪包。

飲 去 上

音上聲。咽水曰飲。飲茶。渴飲。音蔭。

於錦切。自飲曰飲。飲人亦曰飲。所飲之物即曰飲。周禮以水漿醴涼醫酏為六飲。飲人之飲，讀於禁切。

餅 上

音丙。溲麪而蒸熟之曰餅。月餅。餅餌。

必郢切。餅，并也。溲麪使合并也。方言餅謂之飥，或謂之餦，或謂之餛。

餻 平

音高。餅餌之屬。蒸餻。餻餅。

姑勞切。

羹 平

音庚。肉有汁也。菜羹。羹湯。

古衡切。羹之有菜者曰鉶羹，其無菜者曰太羹。

齏 平

音齏。醃韭曰齏。斷齏。齏粉。

牋西切。齏，濟也，與諸味相濟成也。凡葅細切之為齏。俗以醃菜為齏，蓋其名起於醃韭也。

饔 平

音雍。熟食曰饔。又朝食也。朝饔。饔飧。

於容切。

飧 平

音孫。熟食也。又夕食曰飧。夕飧。

蘇昆切。

餐 平

粲平聲。進食曰餐。素餐。餐飯。

千安切。以水沃飯曰餐，亦作飧。晝飯為餐，晚飯為飧。

餉 去

饟

音向。饋也。 糧餉。 餉銀。

式亮切。自家至野。以食相饋也。今軍糧謂之餉。

餬 平

糊

音胡。寄食也。 餬口。 麩糊。

戶吳切。江淮之間謂寄食為餬。因稱將糜向口曰餬口。猶今人以粥向帛粘使相着也。

油 平

音由。膏之輕而滑潤者曰油。 香油。 油膩。

于求切。油分定質流質。熱則流。冷則定。動植物及礦質皆有之。製油之法不一。或榨或熬或蒸。用入食料者。大都動植物之油。用作燈火及擦物者。兼用礦質之油。惟性有毒不可食。

漿 平

音將。汁也。 酒漿。 漿水。

資良切。凡植物內含小粉質與水者皆有漿。色白。和以沸水則成糊。植物類之含漿者。以麥為最多。鶯粟漿亦多。

酒 上

愀上聲。糖水發酵則成酒。 飲酒。 酒量。

子酉切。凡五穀果實含糖質者。皆可釀酒。酒中含醕。醕為毒質。飲之最足傷人。 凡黃酒之佳者曰紹酒。白酒之佳者曰汾酒。 西人酖飲甚於華人。其酒有香冰皮酒等名。皆葡萄及蘋果所釀。

麴 入

音鞠。酒母也。 麥麴。 麴糵。

邱六切。麴以麥為之。若作酒醴必用麴。以其能發酵也。

酪 入

音洛。乳汁所製曰酪。 乳酪。 酪漿。

歷各切。酪有二種。酪上一層凝者為酥。酥上如油者為醍醐。大抵皆以乳汁為之。其功可以使人肥澤也。

醋 去

音措。酒之酸質曰醋。 酸醋。

倉故切。酸質。性主收斂。故能解鱗介諸毒。 造醋法。或用酒令其發酸。或用糖水將烙紅之鐵浸之。西國有一種菌類。置糖水內久之。水亦成醋。然調和食物。終不及酒醋之佳。

醬 去

音將。以豆合麩而為之者曰醬。 醬油。 甜醬。

子亮切。醬之為言將也。食之有醬。如軍之須將。取其率領進導之也。古者醬齊菹三者通名醬。周禮醬用百有二十甕。蓋兼醯醢而言。

餹 平

糖

音唐。餳也。味甜者曰餹。 冰餹。 餹質。

徒郎切。凡植物有甜質者。皆可為餹。中國多用蔗餹。西人則製以蘿蔔。自化學盛行。而硬木乾稭破布諸料。亦能提取餹質矣。

汁 入

音執。液也。 肉汁。 汁漿。

質入切。物之津液也。北人呼之為瀋。 雨雪雜下謂之雨汁。

糟 平

音遭。酒之渣滓也。 酒糟。 糟糠。 糟粕。

則刀切。釀米為酒。去酒為糟。而糟尚含餘酒。可為醃物之用。糟能發風動疾。病人不宜食。

肴

平

音爻。熟肉有骨者曰肴。嘉肴。肴饌。

何交切。

脯

上

音甫。乾肉為脯。肉脯。脯脩。

斐古切。牛羊鹿豕雞之肉，皆可為脯。其法將肉析之，風之，使燥而縮，即為脯。

膳

去

音善。食之美者曰膳。供膳。膳人。

上

音繕，義同。

上衍切。庖人治味必嘉善，故膳之文从善。古有膳夫、膳宰之官。

時戰切

脩

平

音羞。脯也。束脩。脩身。

思留切。凡肉薄析曰脯，捶而施以薑桂則為脩。脯者，肉之未治者也；脩者，治之而後成者也。故脩字可假為脩治解。

腐

上

音輔。爛也。陳腐。豆腐。

扶古切。腐以朽敗為義。腐草腐儒皆宗之。今南方製豆為腐，名曰豆腐。

膾

去

音儈。肉細切者為膾。膾炙。

古外切。牛羊與魚之腥，聶而切之為膾。凡膾以細為貴，粗則害人。

鹵

上

音魯。鹹土也。鹽鹵。鹵莽。

郎古切。鹵，鹽類。天生者曰鹵，人造者曰鹽。鹵甚粗，故鹵假為粗字解。

醢

上

音海。肉醬也。醢醬。歠醢。

呼改切。凡醬有骨曰臡，無骨曰醢。

酖

平　鴆

音沈。樂酒也。又酒之有毒者。酖樂。酖毒。

直禁切。嗜酒為酖。經傳多作湛，而酖字借為鴆字。左傳使鍼季酖之是也。鴆，鳥名。其羽有毒，漬酒飲之則死。

酌

入

音灼。盛酒行觴也。斟酌。酌酒。

職畧切。酌猶斟也。周公之樂曰酌，言能斟酌文武之道而成之也。今斟酌之酌，義本此。

酣

平

音邯。樂酒曰酣。酣暢。沈酣。

胡甘切。不醒不醉曰酣。引申為酣足之酣。

醉

去

音檇。為酒所亂曰醉。酒醉。醉飽。

將遂切。飲酒過其量則醉。蓋因酒中之醕入腦筋，而使之麻木也。

醒
上　平

音星。醉而覺也。酒醒。醒覺。星上聲。義同。

先青切。酒性已解則醒。引申凡昏而覺悟者皆謂之醒。又讀息井切。

釀
去

音穰。作酒曰釀。醞釀。釀酒。

魚向切。以糵作醴酒也。漢書食貨志。一釀用麤米二斛。麴一斛。得成酒六斛六斗。

醴
上

音禮。釀一宿而成曰醴。俗稱酒釀。又稱白酒。醴酒。

良以切。甘酒也。麴少米多。一宿而熟。又甘雨時降謂之醴泉。

飢
平

音肌。餓也。解飢。飢渴。

居夷切。不足於食也。

餓
去

我去聲。飢也。餓莩。凍餓。

五箇切。胃受食物。隨食隨消。消盡則餓。

餒
上

音餧。飢也。氣餒。

奴罪切。餒飢之而氣不充體也。又魚爛曰餒。

饑
平

音肌。穀不熟曰饑。年饑。饑饉。

居衣切。墨子。一穀不收謂之饉。二穀不收謂之旱。三穀不收謂之凶。四穀不收謂之餽。五穀不收謂之饑。

饉
去

音僅。蔬不熟曰饉。饑饉。

渠吝切。無穀曰饑。無菜曰饉。又三穀不升謂之饉。

饋
去　餽

音匱。進食於尊者曰饋。饋遺。饋餉。

具位切。猶歸也。以物祀神及與人皆曰饋。

餞
上

音踐。祖道之宴也。祖餞。餞行。

慈演切。凡出行必祖。祖而舍軷。飲酒於其側曰餞。

饜
去

音厭。飽也。饜飫。無饜。

於豔切。足也。引申為饒裕之意。

飽
上

包上聲。腹果曰飽。飢飽。飽食。

博巧切。饜也。胃受食物。約容三升。食如其數則飽。引申謂滿足之稱。

農 平

音儂。耕人也。神農。農圃。

奴冬切。山農、澤農、平地農，為三農。四民之一也。炎帝始教民植穀，故號神農。

耕 平

音庚。發土也。深耕。耕夫。

古衡切。古文作畊。古者井田，故从井。本義與犂同，用以為發土之器。種物之通稱也。今發土之器專謂之犂，而不謂之耕。

種 去 上

音偅。藝植也。耕種。音腫。種類也。種族。

之用切。以穀播於土曰種。如種花種竹等是也。主勇切。種類之種也。今全球人類分五種。亞西亞東部曰黃種。其西南曰棕色種。歐羅巴為白種。阿非利加為黑種。阿美利加為紅種。

耘 平

音雲。除草也。耕耘。耘田。

于分切。

稼 去

音駕。種五穀曰稼。耕稼。稼穡。

居亞切。稼之言嫁也。種穀曰稼，若嫁女之有所生然。

穡 入

音色。斂穀曰穡。稼穡。穡夫。

殺測切。穡與嗇通，有惜儉之意。斂穀曰穡，言愛惜而聚蓄之也。

培 平

音裴。壅土曰培。栽培。培養。

薄枚切。凡植物必考求其土物之宜，而用法以補其偏，是之為培。今種植家講求肥料等事，使之茂盛是也。引申為裨補之稱。

墾 上

音懇。力田曰墾。開墾。墾荒。

口狠切。耕是種熟田，墾是發荒田，言勤懇用力於其地也。

栽 平

音哉。草木之殖曰栽。築牆立版亦曰栽。栽培。

將來切。築牆長版也。古築牆之法，先植楨於兩頭，又植幹於兩邊，而後橫施板於幹內。栽者，統楨幹與版而言。

植 入

音殖。草木為植物。種植。植物。

承職切。植之本義為戶植，乃當戶直立之木也。引申為凡物植立之植，以草木諸物皆直立於地上也，故曰有生有死而不能自動者曰植物。

穫 入

音濩。刈穀曰穫。收穫。穫稻。

黃郭切。

耦

上

音偶。兩人耕為耦。一耦。耦耕。

語口切。二耜為耦。古者耜一金兩人併發之。引伸為凡人耦之稱。

犂

平

音黎。發土之器也。一犂。犂田。

憐題切。凡發土用人者謂之耕。用牛者謂之犂。后稷之孫叔均所作。

糞

去

音奮。遺矢也。可為肥田之料。人糞。糞土。

方問切。糞穢物也。穢者必除。故假為糞除之糞。

穀

入

音谷。百穀之總名。百穀。穀種。

古祿切。稻黍稷麥菽為五穀。百穀者。粱為黍稷之總名。稻為溉種之總名。菽為衆豆之總名。三穀各二十種。蔬果之屬。所以助穀。亦各二十種。合之凡百穀。㱿今之殼字。穀必有稃甲。故从㱿。引申為善為祿。

糧

平

音良。穀食之統名。餱糧。糧食。

龍張切。

苗

平

音描。禾之未秀者。根苗。苗人。

眉鑣切。凡禾之穉者曰秧。長而未秀者曰苗。因以為草木初生之名。　又苗民。蠻族也。古三苗之裔。今雜居黔沅粵西各境。

秧

平

音央。禾之始生者。插秧。秧針。

於良切。凡草木之幼可移栽者皆曰秧。又假為魚秧之秧。　又蒔謂之秧。

秀

去

音繡。禾吐華也。麥秀。秀才。

息救切。秀本作秂。从禾人。人者米也。禾稃內有人是曰秀。明吐華則欲結米也。　凡草皆得言秀。如秀葽。苦菜秀之類。　引申為俊秀。秀傑。取穎發之義。

穎

上

音穎。禾穗也。垂穎。穎異。

庾頃切。穎之言莖也。頸也。乃禾穗之挺近末處也。穗重則垂。故曰垂穎。引申為凡物之末。如錐穎筆穎之類。又士能拔類者亦曰穎。

禾

平

音和。苗生既秀謂之禾。嘉禾。禾苗。

胡戈切。禾吐穗屈而倒垂。故篆文禾屈筆下垂以象之。　又凡穀皆曰禾。惟麻與菽麥無禾稱。

稻 上

音道。有芒之穀之總稱。 稻田。 秔稻。

杜晧切。稻性宜水。亦有陸種者。含小粉質最多。故為穀食中極能養人之品。產處以江浙川楚及南洋諸島為多。蓋宜於溫熱之帶也。

秔 平 粳

音庚。稻之不黏者。 香秔。 秔稻。

古衡切。俗作粳字。京口大稻謂之粳。晚熟而香潤。較秈為柔。

秈 平

音仙。粳之別種。 秈米。

相然切。秈有早中晚三種。赤白二色。以晚收色白者為良。其粒細。其味甘而香。稱稻中上品。凡不種秔之處。皆呼秈為秔。

米 上

瀰上聲。粟實也。 粟米。 米麥。

莫禮切。粟舉連秠者言之。米則秠中之人。如果實之有人也。故禾黍稷稻粱苽皆曰米。古謂之六米。

粲 上

音燦。米之最白者。 白粲。 粲者。

蒼宴切。粟二十斗。舂為六斗大半斗曰粲。精無過此矣。粲米最白。故稱白粲。又引申為好之稱。如粲齒粲者是也。

黍 上

音暑。禾屬而黏者為黍。 禾黍。 黍稷。

賞呂切。黍有二種。黏者為黍。不黏者為穈。黍可以釀酒熬粥。且久存不壞。故北地多種之。

稷 入

音即。高粱也。俗呼蘆穄。 黍稷。 稷契。

節力切。稷之大小似米而圓。有赤白兩種。可以釀酒。其莖挺生如蘆。河工用之以塞決口。名曰稭料。產處宜乾。北省多種之。養人之功不及米麥。惟貧家食之。或以餵騾馬。 又原隰之神曰稷。

牟 平 麰

音謀。大麥也。 來牟。 牟利。

迷浮切。牟即麰字。 又牛鳴也。从牛乚。象其聲氣从口出。 又取也。如牟食牟利等是。

麥

入

音脈。五穀之先見者為麥。蕎麥。麥麵。

莫白切。麥具四時之氣。字形从來不从夾。从夂不从夕。來象其實。夂象其根也。大麥為牟。小麥為來。百穀以初生為春。成熟為秋。麥以初夏熟。故四月為麥秋。

粟

入

音涑。穀實也。菽粟。粟米。

蘇玉切。指米之有甲者而言。

粱

平

音梁。米之精者。高粱。粱肉。

龍張切。黍稷之總名。

菽

入 去

音叔。大豆也。即今之黃豆。菽麥。

式竹切。性宜乾地。含膠質最多。可以養人之肌肉。但消化比米麥為難。故病者不宜食。中國所產以牛莊為最盛。榨以為油。銷路尤廣。又衆豆之總名。

稗

音粺。草之似穀者。蒐稗。稗官。

傍卦切。稗葉似稻而節間無毛。有水旱兩種。其實亦可食。惟不及五穀之美耳。今人稱小說為稗官。小販為稗販。皆取細小之義。

秫

入

音術。粟之黏者曰秫。秫米。

食律切。秫可釀酒。其莖似粟而粗。有色赤者謂之丹秫。漬以水而取其汁。可為染色之用。

粒 入

音立。米一顆曰一粒。

粒米。　籽粒。

力入切。凡物質之無可分者謂之顆粒。

粉 上

分上聲。分也。研米使分散也。

米粉。　粉白。

府吻切。粉者細末之稱。引申為脂粉鉛粉。又假為粉飾之粉。

舂 平

音擣。擣粟也。

舂杵。　賃舂。

書容切。黃帝臣雍父作舂。

糠 平

音康。粟之皮也。

糟糠。　糠粃。

邱岡切。

秉 上

音丙。禾盈把也。

遺秉。　秉鈞。

補永切。凡以手握物曰秉。引申之為秉彝之秉。

荒 平

音肓。田不熟也。

田荒。　荒廢。

呼光切。田廢不治也。引申為凡廢而不治之稱。又大也。

績 入

音勣。績麻也。

紡績。

則歷切。績與緝同義。績之言積。積短為長。積少為多。故爾雅云績繼也。凡事績功績之績。皆由此義引申之。

麻 平

音蟆。植物。其皮可用以績線。

麻線。　芝麻。

莫遐切。麻有雌雄。雄曰枲。其莖之皮可績以為布。禮女子執麻枲是也。雌曰苴。有子可食。分黑白二種。白者多脂。黑者名胡麻。榨油尤良。

緝 入

音葺。績麻也。

纂緝。

七入切。分麻枲之皮而漚之。而析之而撚之而劃之而績之。是曰績。亦曰緝。引申之縷以縫衣亦謂之緝。

繡 去

音秀。五采備也。

刺繡。　繡衣。

息救切。古者畫繪之事雜五采。五采備謂之繡。今人以鍼縷所紩者為繡。與古義異。

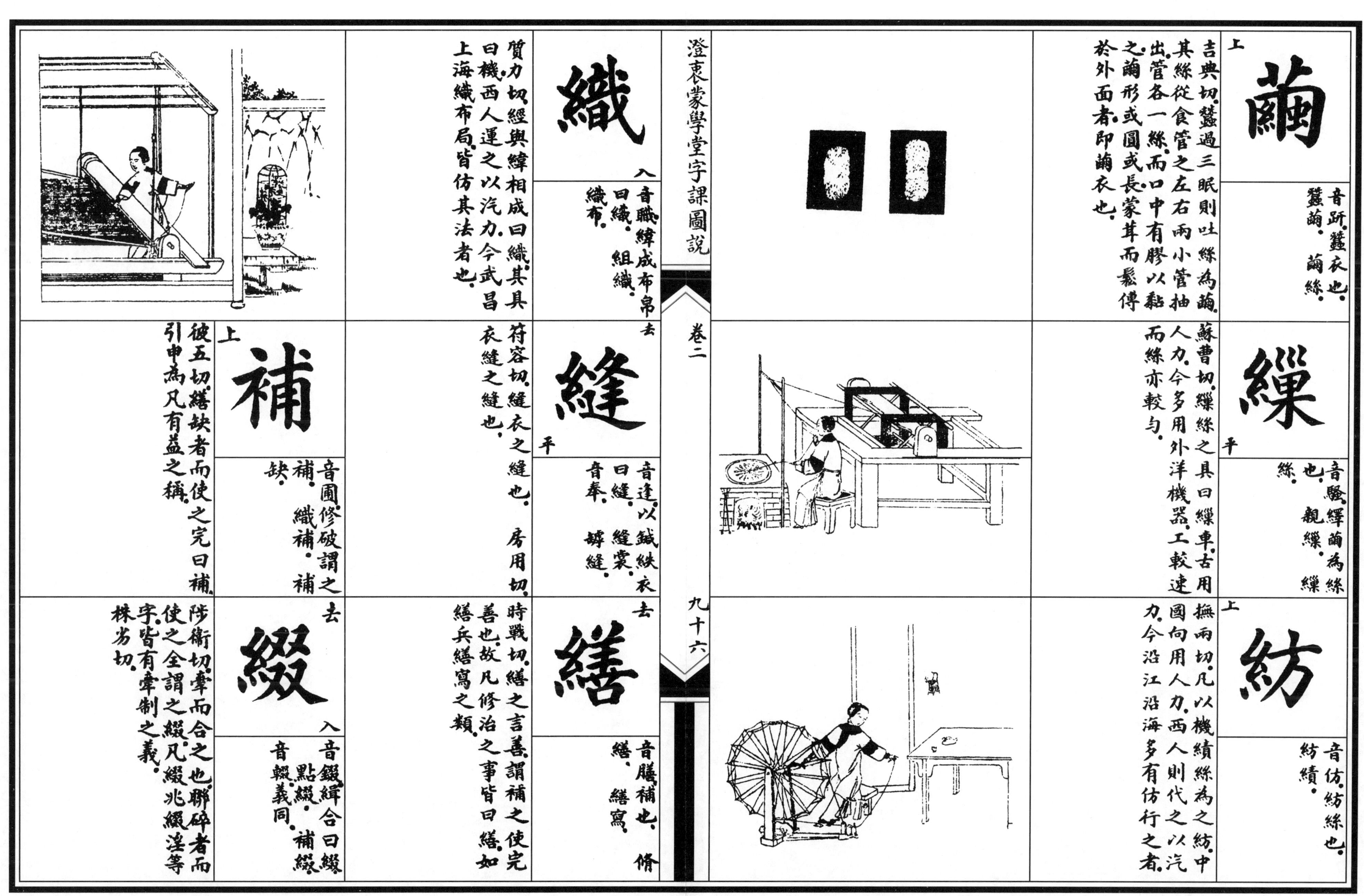

繭 上

音趼。蠶衣也。蠶繭。繭絲。

吉典切。蠶過三眠則吐絲為繭。其絲從食管之左右兩小管抽出。管各一絲。而口中有膠以黏之。繭形或圓或長。蒙茸而鬆傳於外面者。即繭衣也。

繅 平

音騷。繹繭為絲也。親繅。繅絲。

蘇曹切。繅絲之具曰繅車。古用人力。今多用外洋機器。工較速而絲亦較勻。

紡 上

音仿。紡絲也。紡績。

撫兩切。凡以機績絲為之紡。中國向用人力。西人則代之以汽力。今沿江沿海多有仿行之者。

織 入

音職。緯成布帛曰織。組織。織布。去

質力切。經與緯相成曰織。其具曰機。西人運之以汽力。今武昌上海織布局。皆仿其法者也。

縫 平

音逢。以鍼紩衣曰縫。縫裳。彌縫。音奉。去

符容切。縫衣之縫也。房用切。衣縫之縫也。

繕 去

音膳。補也。脩繕。繕寫。

時戰切。繕之言善。謂補之使完善也。故凡修治之事皆曰繕。如繕兵繕寫之類。

補 上

音圃。修破謂之補。織補。補缺。去

彼五切。繕缺者而使之完曰補。引申為凡有益之稱。

綴 入

音錣。緝合曰綴。點綴。補綴。音餟。義同。

陟衛切。牽而合之也。聯碎者而使之全謂之綴。凡綴兆綴淫等字。皆有牽制之義。株劣切。

神 平

音晨。陽之精氣曰神。精神。神氣。

乘人切。神聰明正直而壹者也。故天神地祇皆曰神。引申之為神聖神武之神。又人所恃者為精氣神。神者智之淵身之府也。氣散則神離。神離則冥然無知而身死。故治生家必保善其神。

仙 平

音先。山居之人也。仙人。仙丹。

仚蘇煎切。从人从山。蓋言講方術者。必隱處山谷中也。自秦皇漢武侈意求長生。而燕齊迂怪之士。搤捥言神仙矣。後世或習黃白之術。或侈嬰兒姹女之奇。甚且為金石藥餌所誤。其於屏處山谷之義。庸有當乎。

祇 平

音岐。地神曰祇。地祇。音支。

渠宜切。提也。地出萬物而民享其成。故謂地神曰地祇。段借為疷。如易无祇悔之祇。是讀章移切。

真 平

軫平聲。完神反樸曰真。真假。

之人切。仙人變形而登天也。六經無真字。真人之說始于莊子。今以得道者為真人。張道陵之後居龍虎山者。襲封正一真人。引申為天真之真。又誠也。真者偽之對。

靈 平

音鈴。陰之精氣曰靈。神靈。靈蠢。

郎丁切。从巫霝聲。巫能通鬼神。故訓為靈。氣之靈引申為魂靈之靈。心之府曰靈府。曰靈臺。謂其心之專一通於神明也。又麟鳳龜龍謂之四靈。

籙 入

音錄。錄以告神曰籙。符籙。

龍玉切。籙與錄通。古者帝王受命謂之受籙。道家竊其名。謂其告天之表曰籙。後又混籙於符。謂之符籙。

佛 入

音咈。俗以佛為西方聖人。佛爺。拜佛。

符勿切。見不審曰仿佛。一作彷彿。佛國在今印度。秦時已有沙門室利房等。漢霍去病過焉支山。得休屠王祭天金神。所謂金神即佛也。佛教盛于六代。後則時替時興。韓退之原道及諫迎佛骨表。言之最深切。

僧 平

塞平聲。服浮屠教者也。

思登切。番僧盛於西藏。自唐太宗以文成公主下嫁吐番。明太祖封西番僧為帝師太寶法王。遂為其俗所煽。然紅黃二教水火相爭。其宗旨固已歧矣。今中國僧寺林立。受戒者為禪門僧。其食肉有室者曰赴引僧。

禪 平

音繕。祭告處也。禪讓。封禪。

時戰切。禪與墠通。埽地而祭謂之墠。故天子登山刻石謂之封禪。引申為禪讓之禪。蓋以讓位必告於天也。今浮圖家號為禪門。有外道禪。凡夫禪。小乘禪。大乘禪。最上乘禪。意取傳字為義。

薩 入

音撒。菩薩。

桑割切。薩之為言濟也。菩之為言普也。故梵書言智慧了見而能普濟羣生者謂之菩薩。

佛

僧

禪

藏

仙

真

齋

神

祇

靈

喇 入

音辣。去髮而服華服者謂之喇嘛僧。

力葛切。喇麻居藏衛。明時賜法王紅綺禪衣。本印度袈裟舊式也。後紅教衰微。衆遂自黃其衣。改稱黃教。本朝開國。歲遣貢使。或居藏。或駐京。傳教令。妥佑神饗。發大藏香。酬勛臣。發陀羅經被。皆喇麻所貢。

尼 平

音泥。女之剃髮者為尼。僧尼。
音匿。曳止之也。

女夷切。尼。女僧也。吳俗謂為尼姑。其禮佛之珠曰牟尼。每串計百零八顆。又尼質切。孟子。止或尼之。尼。阻止之也。

鬼 上

音詭。人死為鬼。鬼怪。鬼神。

居偉切。鬼。歸也。衆生必死。死必歸土。此之為鬼。引申為歸隱之義。戰國時有鬼谷子。取隱處山谷之間以為名也。

怪 去

乖去聲。物不數見謂之怪。奇怪。怪物。

古壞切。怪之言異也。中山經。苟林之山多怪石。南山經。猨翼之山多怪獸。皆指物不常見者而言。引申之為妖怪鬼怪之怪。

魅 去

音媚。物老則為魅。螭魅。

明祕切。山林妖異也。

魔 平

音摩。鬼從人生謂之魔。妖魔。魔王。

眉波切。鬼。歸也。歸於無有也。而人以無有為有。則魔生。故心思專壹謂之入魔。

懺 去

音鑯。自陳悔也。拜懺。

楚鑑切。心所藏之慝。自白以自眂焉。謂之懺。今俗延僧禮佛曰拜懺者。亦懺除罪慝之意也。

燄 上

音琰。火形上灼兒。火燄山。

以冉切。从炎。臽聲。火光足則上炎。故引申為氣燄勢燄之燄。又俗延僧施食曰放燄口。

祟 去

音粹。神鬼示警曰祟。鬼祟。作祟。

雖遂切。鬼神所禍也。禍者人所自召。鬼神因出而示以禍福。故說文从出从示。會意。

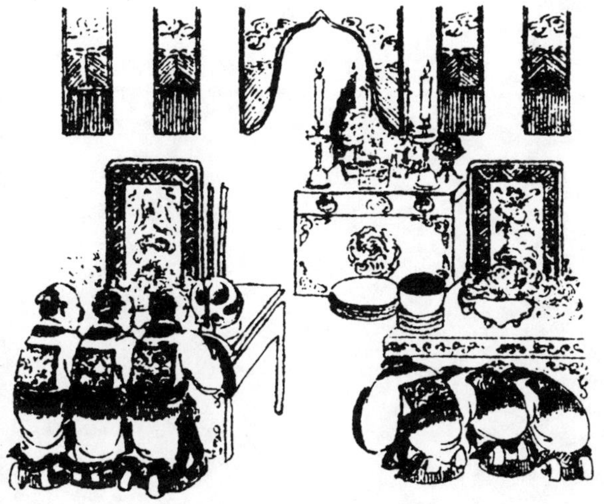